Plenos do Espírito 1

Dados Internacionais de Catalogação na Publicação (CIP)
(Câmara Brasileira do Livro, SP, Brasil)

Real Navarro, José
    Plenos do Espírito 1 : as palavras da montanha : preparação de adolescentes para a Confirmação / José Real Navarro ; tradução de Luis María Maestro García. – Petrópolis, RJ : Vozes, 2014.

    Título original : Llenos del Espíritu 1 : las palabras de la montaña : materiales de Confirmación para adolescentes.
    Bibliografia.
    ISBN 978-85-326-4599-9

    1. Confirmação – Preparação e ensino 2. Ensino religioso – Compêndios para jovens – Igreja Católica I. Título.

13-05219   CDD-268.82

Índices para catálogo sistemático:
1. Catequese crismal : Cristianismo   268.82

José Real Navarro

Plenos do Espírito 1
As palavras da montanha

Preparação para a Confirmação

TRADUÇÃO DE
Luis María Maestro García

Petrópolis

© José Real Navarro
© 2010, Editorial CCS, Alcalá, 166 / 28028 Madrid

Título original espanhol: *Llenos del Espíritu 1 – Las palabras de la Montaña*

Direitos de publicação em língua portuguesa – Brasil:
2014, Editora Vozes Ltda.
Rua Frei Luís, 100
25689-900 Petrópolis, RJ
www.vozes.com.br
Brasil

Todos os direitos reservados. Nenhuma parte desta obra poderá ser reproduzida ou transmitida por qualquer forma e/ou quaisquer meios (eletrônico ou mecânico, incluindo fotocópia e gravação) ou arquivada em qualquer sistema ou banco de dados sem permissão escrita da editora.

Diretor editorial
Frei Antônio Moser

Editores
Aline dos Santos Carneiro
José Maria da Silva
Lídio Peretti
Marilac Loraine Oleniki

Secretário executivo
João Batista Kreuch

Editoração: Fernando Sergio Olivetti da Rocha
Diagramação: Victor Mauricio Bello
Capa: Anna Maria Oleniki
Ilustração de capa: ©Tischenko Irina | Shutterstock

ISBN 978-85-326-4599-9 (edição brasileira)
ISBN 978-84-9842-628-1 (edição espanhola)

Editado conforme o novo acordo ortográfico.

Este livro foi composto e impresso pela Editora Vozes Ltda.

Sumário

Apresentação para os catequistas, 9
Apresentação para os adolescentes, 15

Oficina 1 A alegria de ser você mesmo, 19
    Apresentação, 20
    1 Preparados..., 22
        Jogo: O personagem misterioso, 22
    2 Prontos..., 24
        História: O urso de pelúcia, 24
        Atividade 1: O baú dos tesouros, 28
        Atividade 2: A infelicidade de não ser você mesmo, 30
    3 Já!, 31
        3.1 Conhecendo o Espírito Santo, 32
        3.2 O Espírito Santo vem em nossa ajuda: o dom da ALEGRIA, 34
        3.3 Já é a hora do compromisso, 35
        3.4 Já é o momento de orar juntos, 36

Oficina 2 A autêntica riqueza, 39
    Apresentação, 40
    1 Preparados..., 42
        Jogo: Pegar a grana, 42
    2 Prontos..., 44
        História: O mundo dos códigos de barras, 44
        Atividade 1: Meu código de barras, 51
        Atividade 2: Cofres para escolher, 53
    3 Já!, 56
        3.1 Conhecendo o Espírito Santo, 57
        3.2 O Espírito Santo vem em nossa ajuda: o dom da BONDADE, 59
        3.3 Já é a hora do compromisso, 60
        3.4 Já é o momento de orar juntos, 61

Oficina 3 O caminho do perdão, 63
  Apresentação, 64
  1 Preparados..., 66
    Jogo: Olho por olho e dente por dente, 66
  2 Prontos..., 68
    História: O jovem e orgulhoso príncipe, 68
    Atividade 1: O caminho do perdão: conselhos práticos, 71
    Atividade 2: História de Kim Phuc, 74
  3 Já!, 77
    3.1 Conhecendo o Espírito Santo, 78
    3.2 O Espírito Santo vem em nossa ajuda: o dom da PAZ, 79
    3.3 Já é a hora do compromisso, 80
    3.4 Já é o momento de orar juntos, 81

Oficina 4 Viver confiante, 83
  Apresentação, 84
  1 Preparados..., 86
    Jogo: Ouvir com atenção, 86
  2 Prontos..., 89
    História: O poder do olhar, 89
    Atividade 1: A impressão digital, 92
    Atividade 2: A rede protetora, 94
  3 Já!, 96
    3.1 Conhecendo o Espírito Santo, 97
    3.2 O Espírito Santo vem em nossa ajuda: o dom da SIMPLICIDADE, 98
    3.3 Já é a hora do compromisso, 99
    3.4 Já é o momento de orar juntos, 100

Oficina 5 O segredo da oração, 103
Apresentação, 104
1 Preparados..., 106
Jogo: O caminho da oração, 106
2 Prontos..., 109
Histórias: Aqui está Juan, 109
O mestre da oração, 110
Atividade 1: Uma testemunha da força da oração, 113
Atividade 2: Testando, testando... Deus falando, 115
3 Já!, 117
3.1 Conhecendo o Espírito Santo, 118
3.2 O Espírito Santo vem em nossa ajuda: o dom da FÉ, 120
3.3 Já é a hora do compromisso, 121
3.4 Já é o momento de orar juntos, 122

Oficina 6 Contra a maré, 123
Apresentação, 124
1 Preparados..., 126
Jogo: A vida em cena, 126
2 Prontos..., 127
História: A entrevista de trabalho, 127
Atividade 1: Construindo a minha identidade – O caminho da assertividade, 130
Atividade 2: Não se deixe aprisionar, 134
3 Já!, 137
3.1 Conhecendo o Espírito Santo, 138
3.2 O Espírito Santo vem em nossa ajuda: o dom do DOMÍNIO DE SI MESMO, 139
3.3 Já é a hora do compromisso, 141
3.4 Já é o momento de orar juntos, 142

Oficina 7 Um novo jeito de viver, 145

Apresentação, 146

1 Preparados..., 148

Jogo: O Sudoku da felicidade, 148

2 Prontos..., 150

História: A nota musical, 150

Atividade 1: Bem-aventurados de hoje, 154

Atividade 2: Detetive particular, 157

3 Já!, 158

3.1 Conhecendo o Espírito Santo, 159

3.2 O Espírito Santo vem em nossa ajuda: é o dom do AMOR, 160

3.3 Já é a hora do compromisso, 162

3.4 Já é o momento de orar juntos, 163

Apresentação para os catequistas

1 Objetivo

Relato: a vinda do Espírito

Um homem de Deus desceu ao povo para anunciar aos seus habitantes que o Espírito Santo seria derramado sobre todos quando o dia amanhecesse. Aquela notícia encheu-os de entusiasmo e realizaram todos os preparativos para recebê-lo.

Entretanto, quando chegou o momento esperado, somente alguns o receberam e se beneficiaram de todos os seus dons; aos demais, a presença do Espírito passou despercebida. Vendo a alegria dos que haviam recebido o Espírito, saíram indignados em busca do homem de Deus para protestar pelo que havia ocorrido. E Ele lhes disse:

– De nada adianta que venha a força do vento se as velas de vossos barcos não estão preparadas para se deixarem levar por ele.

E eles responderam irritados:

– Mas nós não vimos nenhum vento e nem nada parecido. Somente vimos sair o sol como todos os dias e nada mais.

E o homem de Deus lhes respondeu:

– O amor gratuito, igual ao vento, não se pode vê-lo com os olhos, somente com o coração. E, pelo que parece, vossos corações estão cegos, porque não se deixam arrastar pela força do Amor que constantemente Deus está derramando sobre vós.

Ao escutar essas palavras, perguntaram-lhe:

– E quando deixaremos de estar cegos?

E aquele homem respondeu:

– Quando deixardes de ver o sol sair como rotina todos os dias; quando deixardes de ver como determinadas as coisas que vos rodeiam, e sim como um presente gratuito que podereis usufruir apenas nesse dia. Então, e somente então, estareis preparados para ver e sentir o Espírito que vos sustenta e vos envolve a cada dia.

Este material de preparação de adolescentes para Confirmação tem como objetivo preparar seus corações para que não estejam "**cegos**" e seja derramado sobre eles, plenamente, o Espírito Santo. É um grande desafio.

O caminho ou itinerário que propomos está organizado em dois livros, em duas etapas que abrangem dois anos aproximadamente. Em cada livro ou etapa sugerimos ao catequizando um desafio.

O **primeiro desafio** é o de começar a pôr em prática as palavras de Jesus proferidas no Sermão da Montanha. Supõe um trabalho de crescimento pessoal, de atitudes e valores à luz do Evangelho.

Nas palavras do Sermão da Montanha, Jesus nos dá as chaves de leitura que permitem que não estejamos cegos para ver e perceber a força do Amor que constantemente Deus está derramando sobre nós através do seu Espírito. Ele nos dá as chaves para vivermos nosso ser cristão de modo autêntico e coerente. Ele nos dá as chaves para termos um coração VIGILANTE que nos permite ver e sentir o Espírito que nos sustenta e nos envolve a cada dia.

Por esta razão, este primeiro livro de catequese de preparação para a Confirmação, *Plenos do Espírito 1: as palavras da montanha*, é baseado nas palavras de Jesus no Sermão da Montanha. As sete oficinas que compõem este livro tratam das principais temáticas que Jesus propõe aos seus discípulos, e a nós, nesta montanha. Elas são o melhor caminho para ajudar a preparar os corações de nossos catequizandos a fim de receberem o Sacramento da Confirmação.

Ao mesmo tempo, neste primeiro livro, durante as oficinas, e baseado no *Catecismo da Igreja Católica*, apresentamos a pessoa do Espírito Santo, a fim de que o catequizando inicie seu conhecimento sobre o Espírito Santo.

O **segundo desafio** é o de transformar-se em colaborador de Jesus na tarefa que Ele iniciou sua vida e a que deu sua vida. Ele quer que participemos de sua missão, da missão da Igreja, e que também façamos nossas estas palavras:

> *O Espírito do Senhor está sobre mim, porque Ele me ungiu para anunciar a Boa-nova aos pobres; enviou-me para proclamar aos aprisionados a libertação, aos cegos a recuperação da vista, para pôr em liberdade os oprimidos, e para anunciar um ano da graça do Senhor* (Lc 4,18-19).

Por isso nos deu seu próprio Espírito, e continua derramando seu Espírito em todos os corações que estão prontos para acolhê-lo e deixar-se guiar por Ele, para tornar possível um mundo melhor agora aqui na terra, e que atingirá a sua plenitude lá no céu.

Por esta razão, o segundo livro de catequese de preparação para a Confirmação: **_Plenos do Espírito 2: Jesus inaugura um Reino muito especial_**, é baseado nas citações evangélicas que mostram Jesus ensinando-nos claramente como construir o Reino de Deus. As oficinas que o compõem iniciam-se com as palavras do Evangelho para trabalhar as dicas e orientações que Jesus propõe aos seus discípulos, e a todos nós como comunidade cristã, a fim de tornar possível o Reino de Deus, em nossos dias, onde quer que estejamos, impulsionados por seu Espírito. Ao mesmo tempo, no livro 2 haverá uma série de oficinas que prepararão os catequizandos para receberem o Sacramento da Confirmação com o seu verdadeiro significado e sentido.

Estas dicas serão o melhor caminho para preparar as "mãos" de nossos catequizandos para receberem o Sacramento da Confirmação. Se no primeiro livro preparamos o "coração", agora é a vez das "mãos", símbolo da ação e do compromisso.

2 Conteúdos das oficinas do primeiro livro

Para trabalhar em grupo o que Jesus propõe no Sermão da Montanha e individualmente tudo o que facilite maior abertura e receptividade ao Espírito, o conteúdo das oficinas deve ser dinâmico. Para isso temos como fio condutor de sua estrutura interna as palavras de ordem para iniciar uma corrida: _"Preparados, prontos...! Já!"_ Cada palavra do título será uma etapa da oficina depois da apresentação inicial.

Apresentação

Aqui o catequista encontrará, para começar a "quebrar o gelo", uma dinâmica de trabalho para propor ao grupo. Pretende-se com ela provocar a participação inicial, a fim de que surjam ideias, experiências vivenciadas pelos catequizandos, para partir delas, e com elas apresentar os elementos principais que pretendemos trabalhar no decorrer das oficinas que estamos iniciando.

1 Preparados...

Há um jogo que pretende motivar, de forma lúdica, para trabalhar com vontade e aproveitar o máximo a oficina. Com esse jogo iniciamos uma abordagem ao conteúdo fundamental que iremos refletir juntos. As perguntas para o diálogo situam o foco do tema e garantem o sentido do jogo. Com elas pretendemos iniciar um diálogo à luz do que pensam, do que creem, do que sentem ou sabem sobre o assunto em questão.

2 Prontos...

Neste item utilizamos uma história para resumir de forma simbólica e sintética a essência da oficina. É a melhor ferramenta para auxiliar a iniciar e aprofundar os conteúdos que queremos refletir. As histórias não nos deixam indiferentes, são provocadoras e nos remetem a lembranças. Às vezes, as grandes verdades se comunicam melhor com pequenos relatos, pequenas histórias. É o que Jesus fazia com suas parábolas, e nós queremos seguir suas lições.

As parábolas de Jesus, da mesma forma que as histórias, sempre instigam um diálogo posterior. Por isso, neste item, por trás da história há uma série de perguntas para provocar o diálogo no grupo, e, desta forma, juntos aprofundarmos a essência de sua mensagem. Em seguida propõem-se duas atividades que ajudarão o grupo a se aprofundar no tema e tirar conclusões práticas para a vida.

3 Já!

Este item começa com algumas palavras de Jesus proferidas no Sermão da Montanha. São elas que motivam toda a oficina e dão sentido a seus conteúdos. A intenção em todos os itens anteriores, bem como seus conteúdos (apresentação, jogo, história, perguntas e atividades) é levar o catequizando ao encontro da Palavra de Deus, a Palavra de Jesus dita na montanha.

A partir da montanha, a partir da Palavra de Jesus, convidamos o catequizando a olhar para trás, a olhar o caminho que percorreu com as atividades da oficina, para que se dê conta de que estas palavras já estavam presentes através das atividades e conteúdos trabalhados.

Situados na montanha e na Palavra de Deus, é o momento de apresentar gradativamente a pessoa do Espírito Santo. Há um subitem dentro deste ponto onde introduzimos os conteúdos doutrinais a fim de que vá conhecendo melhor quem é o Espírito Santo. Aqui o trabalho, esforço e o compromisso do catequista serão importantes porque ele não deverá se limitar com os textos doutrinais e palavras que aqui aparecem, mas deverá falar e comentar a partir da sua vivência e fé. Terá que dar testemunho pessoal de como ele vive essas palavras.

Em um segundo subitem apresentamos os dons que recebemos do Espírito Santo a fim de que se torne realidade em nossas vidas as palavras que Jesus nos fala a partir da montanha (o dom da alegria, da bondade, da simplicidade, da fé, do amor...) e, ao mesmo tempo, queremos fazê-los ver que o Espírito Santo já está atuando neles. Oferecemos-lhes um simples "termômetro" para que estejam conscientes de que Ele está presente em suas vidas.

O terceiro subitem é um convite a assumirem algum compromisso concreto, e assim pôr em prática algumas das Palavras de Jesus no Sermão da Montanha.

Para terminar a oficina propomos fazer juntos, como grupo cristão, uma oração. É importante que o catequista prepare esse momento de oração para que os catequizandos assimilem em suas vidas, como algo próprio e natural, o espírito orante necessário para todo aquele que tem fé.

Esta oração é uma forma de colocar nas mãos de Deus tudo o que foi trabalhado e vivido na oficina, a fim de que seu Espírito vá sensibilizando os corações, preparando-os para acolhê-lo plenamente.

3 Metodologia

A metodologia que utilizamos neste livro da 1ª etapa de preparação de adolescentes para a Confirmação é dinâmica e participativa. As oficinas são uma ferramenta que, além de propor conteúdos e teorias, exigem que os próprios catequizandos façam reflexões e participem das atividades com a mediação do catequista. Pretende-se que ponham em prática e que vivam toda essa proposta, para que descubram por si mesmos a grandeza do convite de Jesus dentro da comunidade cristã.

Importante e decisivo será o trabalho em grupo e a forma de interagir e de relacionar-se entre eles. É nesse ponto que o catequista deverá motivar para que haja um bom clima de participação e diálogo. Cada grupo terá que converter-se numa minicomunidade cristã onde terão que "treinar" entre eles, e fora deles, o estilo que Jesus está lhes propondo.

4 Proposta para o catequista: o diário de cada oficina

Propomos ao catequista para que, na primeira reunião do grupo, peça aos catequizandos que tragam um caderno para registrar o que vivenciar em cada oficina, em cada encontro da catequese. Um caderno que lhe servirá de diário para anotar as ideias e pensamentos que forem surgindo, questionamentos, dúvidas e reflexões, alguma oração ou ação de graças pelo que vivenciou no grupo.

Trata-se de um caderno para acompanhá-lo durante toda a etapa de preparação para receber o Sacramento da Confirmação. Trata-se de uma forma de ajudá-lo no cultivo de sua interioridade, verbalizando e escrevendo o que sente, o que vive e o que sonha e deseja. Será uma maneira de cultivar seu mundo interior criando espaços de tranquilidade e silêncio para ouvir a si mesmo... e escutar a Deus, que fala em seu interior.

O catequista poderá, ao longo dos encontros, convidar a quem desejar que leia algumas linhas de seu diário para partilhar com o grupo suas vivências e reflexões.

Seria ideal que o próprio catequista também tivesse seu próprio caderno de diário, no qual anotasse as vivências e experiências que o grupo e os conteúdos lhe provocam, o que aprende de seus catequizandos e aspectos positivos que vai descobrindo em cada um deles, podendo também partilhar com o grupo.

5 Para terminar

Esperamos que este livro de Confirmação, e os subsídios que o compõem, ajude em nossas comunidades cristãs para preparar os *"corações"* e as *"mãos"* dos adolescentes para acolher o Espírito Santo e deixar-se guiar por Ele. Oxalá contribuamos, com nosso trabalho de catequistas, para que se deixem arrastar-se pela força do Amor que continuamente Deus derrama em seus corações através do seu Espírito. Dito tudo isso, só nos falta dizer uma coisa: "Preparados, prontos... já!"

APRESENTAÇÃO PARA OS ADOLESCENTES

Parabéns por ter feito a opção de se preparar para confirmar o seu desejo de ser cristão.

Deus através da Igreja nos dá de presente três sacramentos: Batismo, Eucaristia e Confirmação (Crisma).

Esses três presentes são chamados de sacramentos da iniciação cristã, porque por meio deles são lançados os alicerces da vida cristã. Ao celebrá-los o ser humano professa publicamente a sua fé e se insere na vida da comunidade dos fiéis.

Antigamente, quando alguém queria ser cristão, recebia durante um tempo uma preparação catequética e, quando estava preparado, realizava-se uma celebração na qual recebia os três presentes de Deus: os três sacramentos da iniciação cristã de uma só vez, e a partir desse momento passava a fazer parte da Igreja como cristão. Com o tempo, deixou-se de realizar dessa forma, e os três sacramentos de iniciação passaram a ser realizados separadamente, principalmente porque os pais queriam que seus filhos, ao nascerem, já se incorporassem na Igreja como cristãos.

Para contribuir com o desejo dos pais e atender aos adolescentes que desejam confirmar a sua fé, inspirando-se na experiência de Jesus e dos apóstolos que conheceram e viveram os fundamentos da fé, deseja-se oferecer por meio deste livro, além da preparação para o Sacramento da Confirmação, um caminho, um itinerário de amadurecimento da fé, propondo oficinas que se organizam para possibilitar tornar-se um cristão adulto na fé, verdadeiro discípulo missionário de Jesus Cristo.

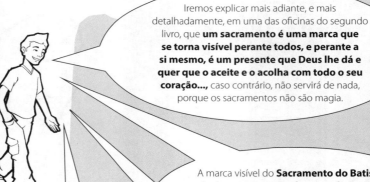

Iremos explicar mais adiante, e mais detalhadamente, em uma das oficinas do segundo livro, que **um sacramento é uma marca que se torna visível perante todos, e perante a si mesmo, é um presente que Deus lhe dá e quer que o aceite e o acolha com todo o seu coração...**, caso contrário, não servirá de nada, porque os sacramentos não são magia.

A marca visível do **Sacramento do Batismo** é a água, que nos purifica e nos faz renascer para uma vida nova, que Jesus Cristo nos deu com sua morte e ressurreição.

A marca visível do **Sacramento da Eucaristia** é o pão e o vinho, que se transformam no corpo e sangue de Jesus Cristo.

A marca visível do Sacramento da Confirmação (Crisma) é aceitar a imposição das mãos, perante a qual recebemos o Espírito Santo plenamente.

Recordemos em que consistem esses sacramentos.

Batismo

No momento do Batismo, Deus nos dá de presente uma vida nova. O amor que Ele nos dá gratuitamente (através de seu Espírito), provoca um novo modo de vida, fazendo-nos felizes de verdade, sentindo-nos seus filhos queridos. Então começamos a viver do jeito que Jesus viveu. No Batismo, o Espírito Santo atua de fato em nós.
Também passamos a fazer parte da Igreja a partir do Batismo. A partir desse momento pertencemos à comunidade de pessoas que encontram em Jesus o melhor jeito de ser feliz. Pertencemos à comunidade de pessoas que se sentem filhos de Deus e que, por Ele, vivem como irmãos.

Eucaristia

Por meio da Eucaristia ficamos mais próximos de Jesus, tendo-o vivo em nosso interior. E também nos aproximamos mais de todas as pessoas que creem nele, tendo-os assim como irmãos.

Ao nos alimentar de seu corpo e sangue queremos que sua vida entre em nossa vida; queremos alimentar-nos de suas palavras, de sua companhia, de sua amizade, de seu Amor, que é mais forte do que a morte, queremos sentir-nos filhos de Deus para comportar-nos como Ele; queremos render graças, junto com toda a comunidade cristã, por tudo o que faz por nós; queremos sentir-nos parte da Igreja, partilhando juntos como irmãos o mesmo alimento que nos une mais.

Confirmação

Por meio da Confirmação Deus envia plenamente o Espírito Santo para que o acolhamos em nosso interior e nos ajude a ser cristãos de verdade, pois sozinhos, com nossas forças, não podemos.

O Espírito Santo nos dá força e coragem para seguir a Jesus, apesar das dificuldades.

- Ele nos dá força e coragem para enfrentarmos a maldade que existe no mundo e para não nos deixarmos abater por ela.
- Ele nos dá força para irmos contra a corrente e não cairmos na tentação de fazer o que todos fazem, buscando o que é superficial.
- Ele nos dá força e nos guia interiormente para sermos nós mesmos, para desenvolvermos nossas qualidades e nossa vocação pessoal.
- Ele nos dá força e energia para sermos testemunhas de Jesus neste mundo, para viver seu mesmo modo de vida comprometido com os que sofrem e padecem injustiça.
- Ele nos dá força para levar adiante a missão que temos como cristãos de construir o Reino de Deus neste mundo.
- Ele nos dá força e coragem para tornar possível outro mundo mais justo, fraterno e solidário, ao menos onde estivermos e vivermos cada dia.
- Ele nos dá força e consolo interior para superar as dificuldades que encontrarmos na vida e viver sempre com esperança.

O **Espírito Santo é um grande presente...** Tão grande, que é necessário estar muito bem preparado para se ter consciência do que Deus vai nos oferecer. Ao contrário... passará despercebido e não saberemos aproveitar a grande força interior que Deus depositou em nós

Você precisa saber que a força do Espírito atua em você desde seu Batismo; com a Confirmação (Crisma) receberá plenamente o Espírito para que nada e ninguém lhe impeça de ser você mesmo, para que seja feliz de verdade e desenvolva a missão que Deus lhe confiou pessoalmente para melhorar este mundo e tornar mais feliz a vida dos que vivem ao seu redor

Como vão se preparar para receber este sacramento?

Neste primeiro livro que está em suas mãos **(Plenos do Espírito 1: as palavras da montanha)**, descobrirá nas suas sete oficinas qual é o estilo da vida do cristão, assim como Jesus propôs no Sermão da Montanha, e que poderá pôr em prática com a ajuda e a força do Espírito Santo que já está agindo em você e seus colegas.

Depois de escutar Jesus na montanha, no segundo livro **(Plenos do Espírito 2: Jesus inaugura um Reino muito especial)**, desceremos ao vale para aprender dele como construir o Reino de Deus aqui entre nós, no nosso mundo. Este será o melhor momento para, no vale, preparar-se para receber o Sacramento da Confirmação. Trabalharemos e aprofundaremos tudo isto através das nove oficinas que comporão o segundo livro.
Você e seus colegas estão prontos para começar? Vamos... Preparados, prontos... Já!

OFICINA 1

A alegria de ser
você mesmo

APRESENTAÇÃO

Dê uma olhada no mundo em que você vive. Quais as coisas negativas provocadas pelo ser humano que você gostaria de tirar do mundo? Que problemas ou situações você gostaria que deixassem de existir? Escreva tudo o que você pensa dentro da esfera do Planeta Terra.

Depois de pôr em comum o que escreveu, reflita com seus colegas quais causas, atitudes e formas de ser provocam a existência desses problemas? Quais as razões, segundo vocês, de ocorrerem coisas negativas no mundo? Escreva-as dentro das nuvens.

Num mundo como esse, com todos esses problemas, sofrimentos, injustiças e situações de pobreza provocados pelo ser humano, nunca se esqueça disto: *você é um presente que Deus envia a este mundo para melhorá-lo, para enriquecê-lo com sua presença, para humanizá-lo com tudo de bom que existe em você.*
Toda pessoa que nasce neste mundo tem esta primeira missão, a mais importante para ser feliz: *descobrir tudo de bom que Deus semeou no seu interior, todas as suas qualidades, capacidades e coisas boas para desenvolvê-las ao máximo, e que todos possam beneficiar-se delas, colaborando, assim, para que este mundo seja melhor.*

Na medida em que seja você mesmo, quer dizer, na medida em que desenvolva tudo de bom que Deus pôs em você, em que conheça suas qualidades e capacidades, que se esforce a cada dia para desenvolvê-las, será um presente para este mundo e onde você vive, porque as pessoas ao seu redor se beneficiarão de seu jeito de ser, de suas qualidades e, quase sem perceber, estará melhorando este mundo, contribuindo para extinguir o que não é bom e faz mal, pelo menos onde você estiver.

Quer ser um presente para este mundo?

Se sua resposta é sim, para não se esquecer participe da atividade.
Tatue com caneta, na palma da mão, no braço ou perna, a frase: *"Sou um presente de Deus para o mundo"*. E na outra palma da mão, braço ou perna, peça a um colega que escreva esta frase: *"Tenho a missão de descobrir as minhas qualidades".*

Nesta oficina você será convidado a abrir o presente que você é. Você será convidado a mostrar o que Deus semeou em você para o seu bem e o dos outros. *Se quiser ser sal e luz deste mundo como Jesus pediu a nós, seus seguidores, esforce-se para ser você mesmo de verdade e deixe-se levar pela força do Espírito Santo... Deixa tudo e vem; espera o sinal de saída: Preparados, prontos... Já!*

1   Preparados...

JOGO
O PERSONAGEM MISTERIOSO

Para começar a abrir o presente que cada um de nós é, vamos participar do jogo para apresentar-nos aos outros. Numa folha de papel tamanho A4, cada um escreverá e completará as 10 questões de forma secreta, sem que ninguém veja o que escreveu.

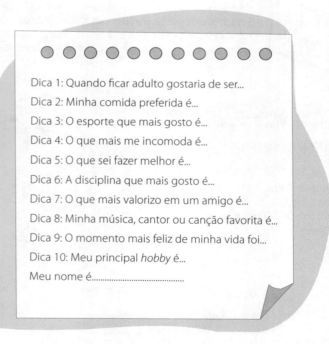

Dica 1: Quando ficar adulto gostaria de ser...
Dica 2: Minha comida preferida é...
Dica 3: O esporte que mais gosto é...
Dica 4: O que mais me incomoda é...
Dica 5: O que sei fazer melhor é...
Dica 6: A disciplina que mais gosto é...
Dica 7: O que mais valorizo em um amigo é...
Dica 8: Minha música, cantor ou canção favorita é...
Dica 9: O momento mais feliz de minha vida foi...
Dica 10: Meu principal *hobby* é...
Meu nome é..

O catequista irá recolher as folhas, embaralhar e distribuir, aleatoriamente, aos componentes do grupo. Nesse momento cada um se tornará a pessoa que escreveu as 10 questões como dicas, o personagem misterioso, que os outros deverão descobrir quem é.

O catequista estabelecerá a ordem de participação. Em cada personagem misterioso colocará um lençol ou pano grande que lhe cubra inteiro. Caracterizado assim, irá dizendo as 10 questões como dicas. Se alguém acha que sabe de quem se trata quando estiver próximo da dica número 4, por exemplo, levantará a mão para dizer o nome de quem as características pertencem. Se estiver correto ganhará 10 pontos, mas se errar não poderá continuar dizendo mais nomes, nesse momento, para descobrir o personagem misterioso (*ninguém poderá falar de si mesmo*).

Se até a 10ª dica ninguém conseguir descobrir de quem se trata, o personagem misterioso se levantará e porá o lençol ou o pano em cima da pessoa que escreveu as respostas de sua folha, revelando a sua identidade.

O catequista registrará os pontos que cada um vai conseguindo. Ganhará quem tiver mais pontos, ou seja, aquele que conheça melhor seus colegas.

> *Questões para comentar depois do jogo*
>
> 1) Nos conhecemos bem no grupo?
> 2) É fácil ou difícil conhecer-se entre as pessoas?
> 3) O que facilita conhecer melhor a outra pessoa?
> 4) Os outros podem ajudar-nos a conhecermos melhor a nós mesmos?
> 5) Quem ou quais são as pessoas que mais lhe conhecem?

2   Prontos...

HISTÓRIA
O URSO DE PELÚCIA

Na maior loja de brinquedos da cidade, em uma das prateleiras, vivia um urso de pelúcia que acendia o nariz quando alguém acariciava as bochechas e mexia as orelhas quando tocavam seus pés.

Todos os dias ele via como crianças e pais entravam e pegavam das prateleiras os brinquedos mais famosos que eram anunciados na televisão. Mas nunca lhe pegavam. Muitos, quando lhe viam, zombavam de suas grandes orelhas, de seu nariz, dos olhos tão grandes e pretos que ele tinha, de seus braços tão finos ou das unhas dos pés tão grandes. Com frequência ouvia coisas como estas:

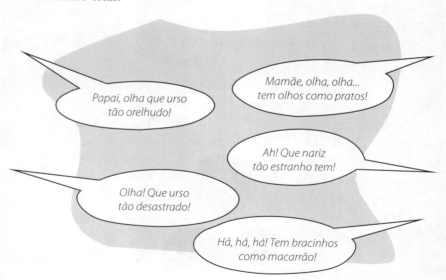

E assim ia passando o tempo. O urso de pelúcia via que os brinquedos preferidos eram sempre os outros, os brilhantes e bonitos, os que tinham braços musculosos, robôs com pés com rodas, bonecos com orelhas e nariz perfeitos.

Uma noite, quando todos dormiam, foi ao estoque da loja, ali onde estavam as peças de reposição dos brinquedos mais famosos. Com muito cuidado retirou suas grandes orelhas que ninguém gostava, jogou no lixo e colocou um fone de música que estava na moda.

Em seguida, retirou seus dois grandes olhos pretos, jogou no lixo e pegou dois olhos pequenos e brilhantes de cristal que as crianças tanto gostavam.

Depois desenroscou seu grande nariz, jogou no lixo e colocou outro mais fino e charmoso, que agradava a todos.

Com paciência, descosturou os pés para tirá-los e colocar uns novos, menores, que também tinha patins e estava muito na moda entre as crianças.

Para terminar, quis esconder seus braços finos, colocando a jaqueta preta de couro do boneco mais popular anunciado na televisão.

Agora sim, todos olhariam para ele e gostariam dele. Saiu dali com sua nova aparência e foi para a mesma prateleira.

No dia seguinte, uma criança usando cadeira de rodas, junto com seu pai e um atendente da loja, aproximou-se do corredor procurando um urso muito especial. O sonho daquela criança era ter um urso como aquele. O atendente, enquanto procurava na estante, dizia para a criança:

— Certamente você fez uma boa escolha. Normalmente todas as crianças vêm procurar os brinquedos que são anunciados na televisão e não olham os outros brinquedos. Você, ao contrário, escolheu o mais especial e valioso que temos na loja. É de tanta qualidade, e tão difícil de fazer, que somente recebemos alguns durante o ano. Pode considerar-se de sorte a criança que consegue ter o urso de pelúcia que acende o nariz quando alguém acaricia a bochecha, e mexe as orelhas quando lhe tocam os pés...

Mas... Que estranho! Não o encontro na prateleira onde deveria estar. Não o vejo em nenhum lugar. Será que já foi vendido?

A criança entristeceu-se muito ao ver que o urso não estava. Insistiu ao vendedor para ver se o encontrava... Mas não conseguiu. E enquanto se afastava com muita pena pelo corredor, com sua cadeira de rodas, dos olhos de cristal do urso de pelúcia começaram a brotar lágrimas muito amargas, porque não sabia que ele

Agora sim, todos olhariam para ele e gostariam dele. Saiu dali com sua nova aparência e foi para a mesma prateleira.

Chorou e chorou desconsoladamente porque agora já era muito tarde. Ele havia olhado mais para o que diziam dele do que tudo o que de bom que havia dentro de si mesmo.

era tão valioso e tão especial. Não sabia da grande qualidade de sua fabricação. Não sabia que seu nariz se acendia quando alguém acariciava suas bochechas e que suas orelhas mexiam quando lhe tocavam os pés. Não sabia o quanto poderia ser importante para uma criança que lhe queria tal como ele era.

Chorou e chorou desconsoladamente porque agora já era muito tarde. Ele havia olhado mais para o que diziam dele do que tudo o que de bom que havia dentro de si mesmo.

PARA O DIÁLOGO

1) Quais as coisas que o urso não conhecia de si mesmo? Como passou a conhecê-las? Por que ele supõe que não se conhecia?

2) Quais eram os brinquedos preferidos pelas crianças?

3) Do que as crianças zombavam ao ver o urso?

4) O que falavam do urso que o afetava? Como ele se sentia?

5) O que o urso de pelúcia fez para agradar, e o que fez para que gostassem dele? Qual a sua opinião? Você concorda com o que ele fez? Por quê?

6) Por que o vendedor da loja elogiava a escolha da criança?

7) Qual a sua opinião sobre a última frase da história?

8) Qual mensagem esta história lhe transmite? Como você aplicará em sua vida?

9) O que você pensa sobre os que valorizam as pessoas por seu aspecto físico e desvalorizam ou zombam dos que não se enquadram nos requisitos de beleza que são impostos pela moda, televisão, revistas e outros meios?

10) Há jovens e adultos que desenvolvem anorexia devido a obsessão com seu corpo e aparência. Outros fazem cirurgia para ter um corpo atrativo de acordo com a moda. Outros tomam álcool e ficam bêbados para não destoar do que a maioria faz. Outros se drogam para ficar mais alegres, divertidos ou simplesmente porque todos o fazem e não querem se sentir diferentes...

Para ficar bem e agradar aos outros, para ter êxito social, ser aceito e ter "amigos", sacrificaria sua personalidade, seu modo de ser, sua saúde física? Deixaria de ser você mesmo?

ATIVIDADE 1

O BAÚ DOS TESOUROS

Para ser consciente das qualidades e riquezas pessoais que possui, identifique, na lista, os adjetivos que caracterizam sua personalidade, sublinhando-os quando os ler pela primeira vez. Poderá acrescentar outras qualidades que não estejam na lista.

- Depois disto, faça um asterisco naquelas que gostaria de desenvolver ou cultivar mais porque estão um pouco ou muito descuidadas agora.
- Na sequência, confeccione, com cartolina ou papel, uma carteira de identidade, na qual escreverá as palavras que o identifiquem junto com sua impressão digital. No verso escreva as palavras que marcou com um asterisco.
- Em seguida, para identificar-se diante dos colegas cada um dirá, por meio de mímica, três palavras que escreveu na carteira de identidade que mais o caracterizem para que sejam adivinhadas. Feito isto, ler as outras palavras que escreveu.

Aberto(a)	Cordial	Entusiasta
Acolhedor(a)	Crente	Equilibrado(a)
Ágil	Criativo(a)	Escuta
Agradável	Crítico(a)	Esforçado(a)
Agradecido(a)	Cuidadoso(a)	Esperançoso(a)
Alegre	Cumpridor(a)	Espiritual
Altruísta	Curioso(a)	Espontâneo(a)
Amável	Dadivoso(a)	Esportista
Ambicioso(a)	Desprendido(a)	Estável
Amigável	Detalhista	Estudioso(a)
Artista	Dialogante	Exigente
Astuto(a)	Diligente	Expressivo(a)
Atrevido(a)	Dinâmico(a)	Familiar
Austero(a)	Disciplinado(a)	Fé
Autônomo(a)	Discreto(a)	Festivo
Bom(boa)	Disponível(a)	Fiel
Calmo(a)	Divertido(a)	Firmeza
Carinhoso(a)	Doce	Formal
Claro(a)	Dócil	Fortaleza
Coerente	Educado(a)	Fraternal
Compassivo(a)	Elegante	Gracioso(a)
Compreensivo(a)	Emotivo(a)	Gratuidade
Confiante	Engenhoso(a)	Honrado(a)
Constante	Entrega	Hospitaleiro(a)

Humano(a)	Original	Sofrido(a)
Humilde	Otimista	Solidário(a)
Humorista	Paciente	Terno(a)
Idealista	Pacificador(a)	Tolerante
Imaginativo(a)	Pacífico(a)	Trabalhador(a)
Independente	Pontual	Valente
Inteligente	Positivo(a)	_____
Intrépido(a)	Prático(a)	_____
Investigador(a)	Profundo(a)	_____
Jovial	Prudente	_____
Justo(a)	Raciocinar	_____
Leal	Realista	_____
Livre	Reflexivo(a)	_____
Lutador	Respeitoso(a)	_____
Maduro(a)	Responsável	_____
Magnânimo(a)	Reto(a)	_____
Moderado(a)	Seguro(a)	_____
Modesto(a)	Sensível	_____
Metódico(a)	Sereno(a)	_____
Natural	Serviçal	_____
Observador(a)	Simples	_____
Organizado(a)	Sincero(a)	_____
Organizador(a)	Sociável	_____

Na medida em que cultivamos e cuidamos de nossas qualidades, seremos cada vez mais nós mesmos. Ou seja, seremos tal como Deus nos quer e necessita de nós neste mundo para o bem de todos.

Agora seria bom que confrontasse com as pessoas que o apreciam e amam a visão que tem de si mesmo. Para isso mostre-lhes as qualidades e características que sublinhou, para ouvir suas opiniões sobre o que acrescentariam ou tirariam. Peça que lhe digam quais, das que escreveu, deveria cultivar mais. Tudo o que disserem anote na carteira de identidade que confeccionou.

ATIVIDADE 2

A INFELICIDADE DE NÃO SER VOCÊ MESMO

Leia com atenção as 13 bombas contra a personalidade, comente-as e procure em cada uma o motivo pelo qual é uma bomba, e em seguida você e seus colegas analisem se podem acrescentar alguma outra bomba que tenha ficado esquecida.

Bombas contra a personalidade

1) Fazer o que todos fazem.
2) Imitar o que fazem os famosos.
3) Não saber dizer NÃO.
4) Deixar-se influenciar pela opinião dos outros, pelo que irão dizer.
5) Preguiça para cultivar as próprias capacidades.
6) Ter duas caras.
7) Ser falso.
8) Procurar sempre agradar os outros ou fazer o que eles quiserem para ser aceito e sentir-se integrado.
9) Ficar preocupado pelo aspecto físico para não ser discriminado pelos outros ou para atraí-los e ser o centro da atenção.
10) Depender sempre da moda para vestir ou para agir para não destoar do grupo.
11) Deixar-se influenciar por tudo o que dizem e fazem na televisão e não ter critério próprio.
12) Cair na escravidão da droga ou do álcool para divertir-se, evadir-se, passar bem, não destoar do grupo em que está.
13) Querer sempre se destacar perante os outros.

Escrevam as 13 bombas (mais as que tiverem acrescentado) em tiras de papel e coloque-as em uma sacola que o catequista irá disponibilizar. Dividam-se em três ou quatro grupos. O catequista solicitará a cada grupo que retire três papéis da sacola.

A tarefa de cada grupo será preparar uma breve apresentação teatral ou esquete de cada uma das tiras dos papéis que cada grupo pegou, para que os outros grupos, após a encenação, adivinhem de que bomba se trata. Uma vez que os outros a adivinhem, todos do grupo simularão a explosão da "bomba" que representaram.

3 Já!

Já é hora de colocar em PRÁTICA as palavras de Jesus!

Jesus, seguido de uma grande multidão, subiu na montanha e sentou em um prado. Os discípulos se aproximaram e Ele começou a ensinar-lhes, dizendo-lhes:

Mt 5,13-16

- Relacione o que você trabalhou em cada uma das atividades desta oficina com as palavras de Jesus que acaba de ler. Associe uma frase ou palavra deste texto de Jesus com o que viu em cada atividade ou item.

- Aponte três conclusões depois de tudo o que você viu nesta oficina.

3.1 Conhecendo o Espírito Santo

Os cristãos descobriram, graças a Jesus, que Deus é Trindade, ou seja, que Deus é um, porém composto em três pessoas intimamente unidas pelo amor: o Pai, o Filho e o Espírito Santo. É o que chamamos de mistério da Santíssima Trindade, da qual falaremos mais adiante.

Agora vamos começar a conhecer um pouco mais o Espírito Santo. A Igreja é o lugar onde podemos descobrir e aprofundar quem é o Espírito Santo. A Igreja é a comunidade de pessoas que encontraram em Jesus um modelo de vida para serem felizes de verdade, porque viram nele o Filho de Deus, seu enviado; descobriram por meio dele que Deus é Pai que os ama sempre e sem condições e que, graças à ressurreição de Jesus, recebem de Deus Pai e Deus Filho uma força especial que é o Espírito Santo, que os ajuda a serem eles mesmos para que sejam felizes e façam felizes as pessoas que estão ao seu redor, fazendo com que o mundo seja melhor.

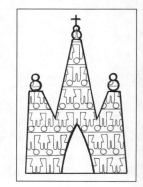

"A Igreja, comunhão viva na fé dos apóstolos, que ela transmite, é o lugar do nosso conhecimento do Espírito Santo:
- nas Escrituras que Ele inspirou;
- na Tradição, da qual os Padres da Igreja são as testemunhas sempre atuais;
- no Magistério da Igreja, ao qual Ele assiste;
- na Liturgia sacramental, através das suas palavras e dos seus símbolos, na qual o Espírito Santo nos coloca em comunhão com Cristo;
- na oração, na qual Ele intercede por nós;
- nos carismas e nos ministérios, pelos quais a Igreja é edificada;
- nos sinais de vida apostólica e missionária;
- no testemunho dos santos, no qual Ele manifesta sua santidade e continua a obra da salvação."

Catecismo da Igreja Católica, n. 688.

Maria, a mãe de Jesus, é exemplo e modelo a ser seguido como cristã. Ela se deixou habitar pelo Espírito Santo, e o Filho de Deus nasceu através dela, tornando possível que Deus se fizesse homem de carne e osso para ensinar-nos o caminho da felicidade verdadeira (Lc 1,26-38).

> "Maria, a santíssima Mãe de Deus, sempre Virgem, é a obra-prima da missão do Filho e do Espírito na plenitude do tempo. Pela primeira vez no plano da salvação e porque o seu Espírito a preparou, o Pai encontra a *Morada* em que seu Filho e seu Espírito podem habitar entre os homens e mulheres deste mundo. Nela começam a manifestar-se as maravilhas de Deus."
>
> *Catecismo da Igreja Católica*, n. 721.
>
> "Por meio de Maria o Espírito Santo começa a *pôr em comunhão* com Jesus Cristo (em união de amizade com Ele) todas as pessoas que tanto amam Deus..."
>
> *Catecismo da Igreja Católica*, n. 725.

Se nós, como Maria, desejamos que o Espírito Santo viva e atue em nós, Deus também fará grandes coisas em nossas vidas. E através do nosso modo de viver, de nosso comportamento e conduta, o faremos presente e palpável (Mt 5,16). Vendo-nos viver e atuar, os outros poderão descobrir e conhecer como é Deus, um Deus que é Amor (cf. 1Jo 4,7-9).

Para tornar isso possível o Espírito Santo dá de presente a cada um de nós uns dons, uns presentes especiais. São frutos ou sintomas que denunciam que o Espírito Santo está atuando em nós.

> "Graças ao poder do Espírito Santo, os filhos de Deus podem dar fruto... O fruto do Espírito que é amor, alegria, paz, longanimidade, benignidade, bondade, fidelidade, mansidão, autodomínio (Gl 5,22-23). O Espírito é nossa Vida: quanto mais renunciamos a nós mesmos (cf. Mt 16,24-26), mais pautamos nossa conduta também segundo o Espírito" (Gl 5,25).
>
> *Catecismo da Igreja Católica*, n. 736.

- Destaque três ideias fundamentais do texto que leu.

  _____
  _____
  _____
  _____
  _____

- Procure na Bíblia as citações que aparecem neste texto e comente-as.

  _____
  _____

3.2 O Espírito Santo vem em nossa ajuda: o dom da ALEGRIA

Quando nascemos Deus deu a todos nós uma vocação, a de *ser nós mesmos*. Para que possamos demonstrar todas as qualidades, capacidades e tudo de bom que Deus colocou em nós, o Espírito Santo vem em nossa ajuda para dar-nos sua força. Tudo que precisamos fazer é nos esforçar para sermos nós mesmos, sendo fiéis a nossa vocação... E Ele cuidará do resto.

Um dos frutos que indicam que o Espírito Santo está atuando em nós é a **ALEGRIA INTERIOR** que nasce em nós de forma natural e espontânea quando somos nós mesmos, nos comportamos e desenvolvemos tudo aquilo que nasce do coração.

Termômetro da ALEGRIA interior

Pontue de 1 a 10 em cada uma das questões de acordo com o que você vê de si mesmo (*1 significa que não há nada disso em você e 10 significa que você se identifica totalmente com essa frase e a cumpre perfeitamente*).

- ☐ Uma pessoa autêntica, sem duas caras.
- ☐ Uma pessoa fiel à sua vocação, a de ser você mesmo, e não como os outros querem que você seja, a fim de agradá-los, para ser aceita e estar na moda.
- ☐ Uma pessoa que conhece a si mesma em todas as suas qualidades e capacidades.
- ☐ Uma pessoa que se esforça cada dia para descobrir, desenvolver e cultivar suas qualidades e capacidades.
- ☐ Uma pessoa que não se deixa influenciar ou pressionar pelos outros para ter um comportamento diferente do seu.
- ☐ Uma pessoa que a cada dia quer se colocar a serviço dos que a rodeiam, partilhando todo o bem que Deus semeou dentro de você.

Depois de ter pontuado, escolha uma ou mais pessoas que mais amam você e o conhecem e peça que lhe pontuem. Não se trata de conseguir muitos pontos, mas sim de *ter consciência de que o Espírito Santo está atuando em você quando se comporta dessa maneira*, por pouco que seja, se você se deixa guiar por Ele, com o tempo, a **ALEGRIA INTERIOR** será algo que lhe caracterizará perante aos demais porque terá a satisfação de ser você mesmo, de ser como Deus quer e criou para o bem de todos.

3.3 Já é a hora do compromisso

Jesus terminou de falar no prado da montanha. Muita gente se reuniu ao seu redor porque queria falar com Ele, tocá-lo. Você também quer aproximar-se dele, porém não pode devido à multidão.

Pegue uma folha de papel e escreva uma das frases ou versículos da citação de Mt 5,13-16 que poderia ficar gravado no seu coração para não ser esquecido. Depois escreva de que maneira vai pôr em prática em sua vida diária essas palavras (*cite três ou quatro coisas que fará ou deixará de fazer*). Assine com seu nome e em seguida faça um avião de papel com a folha.

Imagine que você jogue esse avião para Jesus e Ele o pegue. Não duvide de que, ao ler a sua mensagem, Ele olhe para você, peça para as pessoas se afastarem e lhe diga que se aproxime para falar-lhe algo muito especial. Escreva o que você imagina que Jesus poderia dizer-lhe depois de ler a sua mensagem:

3.4 Já é o momento de orar juntos

Terminar esta oficina fazendo juntos um momento de oração com Jesus. *Orar é falar com nosso amigo Jesus a partir do silêncio do nosso coração.* Ele é o primeiro a ajudar-nos a pôr em prática nosso compromisso de querer ser cristãos de verdade. Não estamos sozinhos... Ele está sempre conosco.

1) Iniciamos a oração fazendo o sinal da cruz

2) O catequista fará a oração:

*Vem, Espírito Santo,
E envia do céu um raio de tua luz.
Vem, Pai dos pobres e humildes,
Vem dar-nos tua força e teus dons.
Há tantas sombras de egoísmo neste mundo,
Há tanta injustiça, tanta pobreza, tanto sofrimento...*

*Consolador cheio de bondade,
Doce hóspede da alma,
Penetra com tua presença nossos corações.
Habita-nos porque sem ti nada podemos.
Elimina com teu calor nossas friezas
Acende nossa fraterna solidariedade.*

*Abre-nos os olhos e os ouvidos do coração
Para saber descobrir teus caminhos em nossas vidas
E poder ser construtores de Vida Nova.*

3) Um catequizando dirá estas palavras de Jesus:

*"Onde dois ou mais estão reunidos em meu nome,
Ali estou eu no meio deles."*

4) Dois catequizandos colocarão no centro de onde estão reunidos uma imagem de Jesus e uma vela acesa.

5) Um outro catequizando lerá Mt 5,13-16.

6) Ficar alguns minutos em silêncio, sentindo-se unidos ao amigo Jesus que lhes falou nestas palavras do Evangelho.

7) Quem quiser poderá ler neste momento o que escreveu em seu avião, e o que pensa que Jesus lhe diria.

8) Ler todos juntos a oração:

> *Pai, ponho-me em tuas mãos.*
> *Faça de mim o que Tu quiseres.*
> *Seja o que seja, te dou graças.*
>
> *Estou disposto a tudo.*
> *Aceito tudo,*
> *Contanto que teu plano vá adiante*
> *Em toda a humanidade e em mim.*
>
> *Ilumina minha vida com a luz de Jesus, que*
> *não veio para ser servido, mas para servir.*
> *Que minha vida seja como a dele: servir.*
> *Grão de trigo que morre no canteiro do mundo.*
> *Que seja assim de verdade, Pai.*
>
> *Confio a ti a minha vida.*
> *Dou-te minha vida.*
> *Conduze-me.*
> *Envia-me aquele Espírito que movia Jesus.*
> *Ponho-me em tuas mãos,*
> *Inteiramente,*
> *Sem reservas,*
> *Com uma confiança absoluta*
> *Porque Tu és...*
> *MEU PAI*
>
> Charles de Foucauld

9) De mãos dadas, para sentirem-se irmãos, rezar juntos a oração do Pai-nosso e, para terminar, lançar todos juntos os seus aviões na mesma direção, para Jesus.

OFICINA 2

A autêntica
riqueza

APRESENTAÇÃO

Quer ser rico de verdade?

Com dinheiro podemos comprar muitas coisas. Imagine por uns instantes que você ganhou o maior prêmio na loteria. Ganhou 100 milhões de reais só para você.

Aqui está o cheque. Escreva dentro todas as coisas que compraria com esse dinheiro. (*Com letras pequenas aproveite o espaço*.) Quando terminarem, cada um dirá o número de coisas que puderam escrever dentro do cheque, e as 10 coisas que mais gostariam de ter, dentre as que escreveram.

Cheque da Caixa Econômica Federal	LOTERIA FEDERAL

Pague por este cheque a quantia de: 100.000.000 de reais

Sem dúvida, por mais rico que alguém seja, existem coisas que não se podem comprar com dinheiro. E precisamente as coisas que mais felizes nos fazem são aquelas que não se podem comprar. Pense nas coisas que mais fazem você se sentir feliz e se dará conta de que muitas delas não se vendem em nenhuma loja, por mais dinheiro que alguém tenha não se pode conseguir:

Acrescente nesta lista coisas que o fazem feliz, o fazem sentir-se muito bem, mas não pode consegui-las comprando-as com dinheiro. São verdadeiros tesouros, verdadeiras riquezas.

- Ter uma família que lhe ame e se preocupe com você.
- Ter amigos de verdade que lhe apreciem e se sintam bem com você.
- Ter saúde.
- Ter alguém que lhe escute e lhe compreenda.
- Ter alguém que lhe ajude quando mais necessite, sem pedir.
- Ter alguém apaixonado por você que o ame do jeito que você é.
- Ter o perdão de quem você ofendeu.
- Que alguém partilhe gratuitamente com você algo que necessitava.
- Fazer as pazes quando houver desentendimentos.
- Ter paz em seu coração.

Se você observar, a maioria dessas coisas recebemos gratuitamente dos outros. Por mais rico que alguém seja... não pode comprar a felicidade.

1) Como se sentiria se você tivesse tudo o que escreveu no cheque, mas não tivesse nada do que está escrito na lista anterior? E ao contrário?
2) O que pensaria de alguém que pelo valor que está no cheque dedicasse todo o seu tempo e esforço, e por causa disso descuidasse e perdesse tudo o que tinha na lista?
3) Se tivesse que escolher entre o que há escrito no cheque e o que há na lista, com qual ficaria? Por quê?

Nesta oficina descobrirá em que consiste a verdadeira riqueza, essa que Jesus de Nazaré veio anunciar a todos nós, para que sejamos felizes de verdade. *Se quiser ficar rico do jeito de Jesus e aprender a desfrutar da autêntica riqueza cristã, deixe tudo e venha; esperem o sinal de saída: Preparados, prontos... Já!*

41

1 Preparados...

JOGO
PEGAR A GRANA

O dinheiro não é mau nem bom. É necessário para viver, mas depende do uso que façamos dele e da importância que lhe damos, e será então bom ou mau para nós e para os que nos rodeiam. Vamos fazer um jogo para comprovar as distintas formas de usar o dinheiro.

Em dupla fabrique três notas de 50 reais semelhantes à da ilustração. Copiar para que o tamanho e conteúdo sejam parecidos. (*Se alguém ficar sem dupla ficará sozinho ou se juntará a outra dupla.*)

Você e seus colegas se tornaram pessoas que querem ganhar muito dinheiro, seja como for, para viverem melhor do que qualquer outro com todas as comodidades. O dinheiro é o primeiro e o mais importante para vocês, é a única preocupação.

Sairão num pátio ou outro espaço onde o catequista marcará os limites que não poderão ultrapassar durante o percurso do jogo.

Normas e funcionamento do jogo

- Cada dupla, sempre de mãos dadas (sem soltar), terá que perseguir a outra dupla para alcançá-la e tomar uma nota de 50 reais. Em 30 segundos não poderão tocar a mesma dupla novamente.

- Uma dupla pode ser considerada pega quando um dos seus membros for tocado pelas costas.
- Se a dupla soltar as mãos enquanto tenta escapar será considerada pega pela dupla que lhe perseguia e deverá pagar 50 reais.
- Quando uma dupla ficar sem dinheiro será eliminada do jogo.
- Ganhará o jogo a dupla que mais dinheiro tiver depois de, aproximadamente, 11 minutos de jogo.

Questões para comentar depois do jogo

1) A dupla mais rica tem quanto dinheiro? Com quanto dinheiro ficaram as demais duplas?
2) Quantos ficaram sem dinheiro e foram excluídos do jogo?
3) Para que a dupla vencedora possa viver com todo luxo, comodidade e bem-estar as outras duplas terão que viver com menos dinheiro ou cair na pobreza total, sem dinheiro algum, passando fome e miséria.
4) Infelizmente, na vida real ocorre algo parecido ao que ocorre no jogo: a riqueza e bem-estar de alguns é resultado do empobrecimento de outros.

   O que você e seus colegas sabem sobre as necessidades e pobrezas que existem em nosso país? Sabem como vivem as pessoas de sua idade? Gostariam de saber mais a respeito do que acontece com os adolescentes que vivem na pobreza? Se sim, peçam mais informações ao catequista.

Para continuar o jogo cada dupla terá a mesma quantidade de dinheiro que ficou no final do jogo (*muito, pouco ou nada*). Porém agora haverá a seguinte particularidade: ao invés de ganhar 50 reais cada vez que tocar uma dupla, darão 50 reais como doação solidária para atender as suas necessidades ou a de outros, porque ganhará a dupla que menos dinheiro tenha durante os 10 minutos de jogo, ou seja, a que usou seu dinheiro para partilhar. As duplas que começarem o jogo sem dinheiro não terão que tocar ninguém.

2   Prontos...

HISTÓRIA
O MUNDO DOS CÓDIGOS DE BARRAS

Fechados em seu mundo de bem-estar, viviam os códigos de barras que estavam satisfeitos com o muito que tinham. Não lhes faltava nada. Dedicavam-se a ganhar dinheiro sem parar, e só aspiravam ter mais riqueza e bem-estar que ninguém.

Mediam o valor das coisas e dos outros de acordo com o dinheiro que tinham. Por isso gostavam que seu nome fosse a quantidade de dinheiro que tinham no banco. Assim seus nomes eram números. "Tanto tem, tanto vale" era sua frase mais frequente.

Assim viviam os códigos de barras em seu mundo de bem-estar particular. Tudo parecia ir bem até que um dia um deles, que se chamava 788483169902, começou a provocar inquietação nos outros.

Estava insatisfeito com o que possuía. Não era suficiente tudo o que havia acumulado. Achava que ainda faltava-lhe algo. Tinha ouvido que fora dali havia uma riqueza incomparável e de valor incalculável. Então decidiu sair à procura daquela riqueza.

Sem dúvida, ao sair do seu mundo de riqueza e bem-estar, deu-se conta de que em outros lugares tudo o que existia era muita pobreza e necessidade. Para onde ia e olhava não encontrava nada mais que pobreza. Eram muitas as necessidades que estavam diante de seus olhos. Mas ao mesmo tempo ficou surpreso porque havia alguns códigos de barras, cujos nomes desconhecia, que se dedicavam a ajudar os que viviam em meio de tanta pobreza e necessidade.

Viu um que ajudava para que as pessoas sem lar tivessem uma casa.

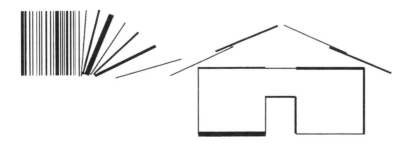

45

Viu outro que ajudava a construir um hospital para os enfermos de um lugar pobre onde não havia hospitais próximos.

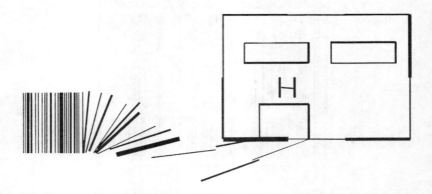

Viu outro que ajudava a escavar poços para os que não tinham água potável.

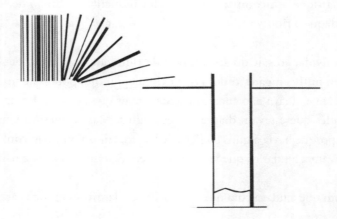

Enquanto olhava surpreso o que os outros faziam para ajudar os mais pobres, um que estava construindo uma escola disse-lhe:
- Veio aqui só olhar ou para dar uma mão? Seria bom que alguém me ajudasse a terminar esta escola para as crianças que precisam.

O código **788483169902** não pôde se negar e começou a trabalhar.

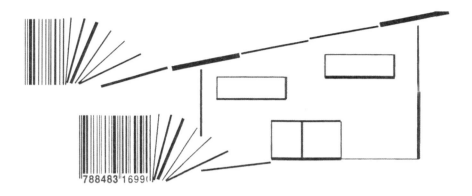

Enquanto ajudava a construir a escola, deu-se conta de que, quanto mais dava de si mesmo, quanto mais partilhava e dava do que tinha, mais feliz e satisfeito se sentia.

Tanto é verdade que, quando terminou a escola, ajudou para que os habitantes de uma pequena cidade tivessem energia elétrica, pois nunca haviam tido antes.

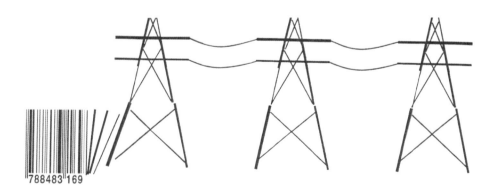

Depois foi construir uma fábrica para ajudar a criar emprego para os desempregados, que não conseguiam encontrar trabalho.

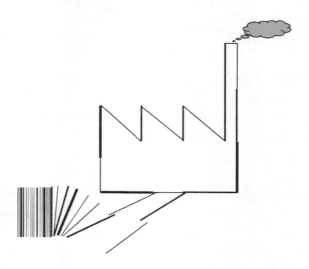

De tanto ajudar os outros, o código **788483169902** já não era o mesmo, havia mudado. Surpreendentemente, quanto mais partilhava, mais feliz se sentia; quanto mais ajudava os que viviam em necessidade, mais bem-estar sentia em seu coração.

Deixou de chamar como se chamava, porque já não era o dinheiro que lhe importava. Havia mudado de aspecto e seu modo de ser. Agora era outro o nome que queria ser chamado.

Havia descoberto a riqueza que lhe faltava, a riqueza da solidariedade. Uma riqueza inesgotável com a qual poderia fazer os outros felizes... e fazer da terra um céu.

Acabava de descobrir um mundo novo, o mundo dos códigos de barras que viviam mais felizes dando do que acumulando... e se juntou a eles. Agora já sabia como se chamavam. Para que sempre o conheçam, estes são alguns deles:

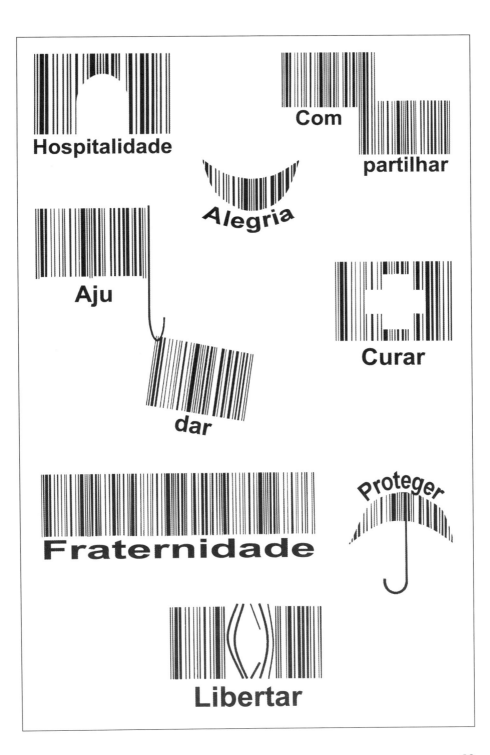

PARA O DIÁLOGO

1) *Qual o código de barras que tinha mais dinheiro?*

2) *O que significa a expressão: "vale pelo que tem". Dê exemplo.*

3) *Por que o código de barras 788483169902 decidiu deixar seu mundo de bem-estar? O que ele procurava?*

4) *O que ele encontrou fora de seu mundo de bem-estar?*

5) *O que fez o código de barras mudar de forma e de nome? Por que pôs esse nome?*

6) *Como se chamavam os códigos de barras que ajudavam aos outros? Quais outros nomes vocês poderiam acrescentar?*

7) *Os códigos de barras davam algo de si mesmos para ajudar aos necessitados e se sentiam felizes fazendo isso. Já aconteceu com você, alguma vez, algo parecido, ou seja, sentiu alegria ou felicidade fazendo feliz a outra pessoa? (Se sim, conte a experiência.)*

8) *Se você fosse um código de barras, como gostaria de ser chamado simbolicamente, ou seja, que palavra gostaria que o definisse ou o caracterizasse como pessoa? Pode utilizar mais de uma palavra. Por que esse nome? Como gostaria de nunca ser chamado? Por quê?*

9) *Por que o código de barras encontrou a maior riqueza ao descobrir e colocar em prática a solidariedade?*

10) *Com que frase poderia resumir a mensagem transmitida nesse conto?*

ATIVIDADE 1

MEU CÓDIGO DE BARRAS

Imagine que você é um código de barras que fez da solidariedade sua principal riqueza e quer contribuir para a construção de um mundo melhor ao seu redor, mais justo e solidário. O catequista dará a você e seus colegas 25 palitos de picolé que simbolizam as barras que compõem o código; são as riquezas pessoais, as coisas boas que cada um é capaz de fazer.

O primeiro trabalho que cada um fará será escrever sobre os palitos, de forma abreviada, o que pode dar de si mesmo, o que pode partilhar, o que poderia fazer para ajudar as pessoas que têm alguma necessidade ou problema. Escreverá também coisas boas que poderia fazer aos outros, por pequenas e insignificantes que pareçam, para serem mais felizes.

O segundo trabalho consiste em fazer um quadro com os palitos. O quadro terá o título: *"O mundo que eu gostaria"*.

Cole os palitos sobre uma folha ou cartolina, compondo a figura de uma paisagem ou do que mais goste; ou também pode pôr coisas que gostaria que estivessem nesse mundo ideal, e que nunca deveriam faltar para as outras pessoas.

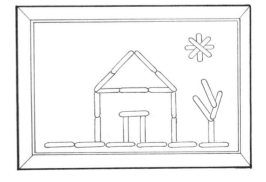

Os palitos em que escreveu deverão aparecer no quadro. Não poderá cortá-los. Se precisar cortar palitos em diferentes tamanhos para compor melhor as figuras, utilize aqueles em que não escreveu nada, e, se não tiver o suficiente, peça mais ao catequista.

Quando todos terminarem, cada um mostrará aos outros o seu quadro, bem como o que escreveram nos palitos. Se forem capazes de colocar em prática o que mostrarem, será uma verdadeira riqueza, a maior de todas. Seus quadros terão valores incalculáveis.

ATIVIDADE 2
COFRES PARA ESCOLHER

Neste cofre acumula-se a riqueza dos códigos de barras que vivem fechados em seu mundo de bem-estar. Sua única riqueza é o dinheiro. Somente se preocupam em estar bem, e quanto mais, melhor.

Deverá encher este cofre com moedas. Para isso, colocará a moeda embaixo do papel, observando que fique dentro do cofre, e com o lápis esfregará suavemente o papel sobre a moeda, formando o seu desenho. Repetir até o cofre estar cheio (*ganhará quem somar mais*).

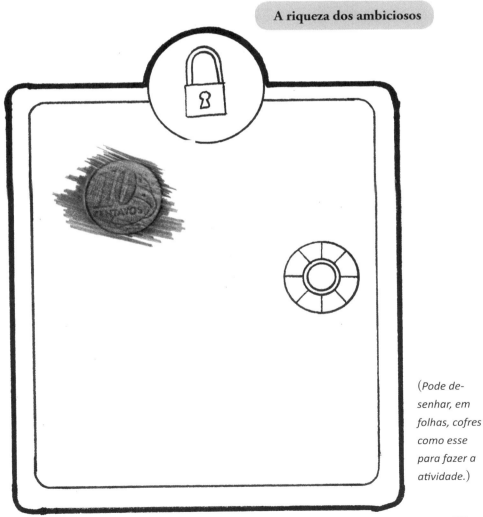

A riqueza dos ambiciosos

(*Pode desenhar, em folhas, cofres como esse para fazer a atividade.*)

Neste cofre é onde se acumula a autêntica riqueza dos códigos de barras que decidiram viver num mundo novo. No final da história aparecem seus nomes e a forma nova que cada um deles tem. Acrescente mais nomes (*sentimentos, atitudes, comportamentos*) que ajudariam a construir um mundo melhor. Em seguida terá que pensar que forma daria aos códigos de barras para que representassem o significado das palavras e nomes novos que você acrescentou.

Depois disso, o catequista dará uma fotocópia da folha de códigos de barras que está na página seguinte (*ou solicitará para cada um trazer de casa todos os* códigos de barras que tiver). O trabalho consiste em: recortar cada código de barras dando-lhe a forma que pensou, simbolicamente, para cada uma das novas palavras. Em seguida, colar dentro do cofre, escrevendo abaixo a palavra que representa. Pode pôr também os que aparecem na história, e, se não couber, acrescente mais.

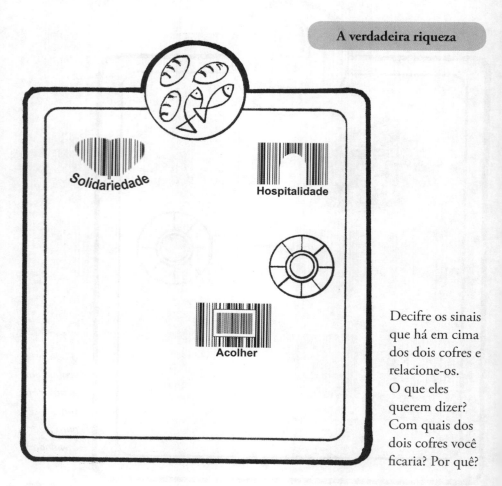

A verdadeira riqueza

Decifre os sinais que há em cima dos dois cofres e relacione-os. O que eles querem dizer? Com quais dos dois cofres você ficaria? Por quê?

3 Já!

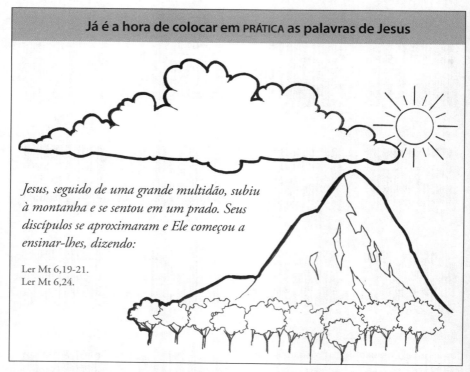

Já é a hora de colocar em PRÁTICA as palavras de Jesus

Jesus, seguido de uma grande multidão, subiu à montanha e se sentou em um prado. Seus discípulos se aproximaram e Ele começou a ensinar-lhes, dizendo:

Ler Mt 6,19-21.
Ler Mt 6,24.

- De acordo com o que foi trabalhado nas atividades desta oficina, como se acumulam riquezas no céu? Qual a riqueza que Deus quer que acumulemos? Por quê?
- Servir a Deus é servir ao próximo necessitado. Ao contrário, servir ao dinheiro é servir-se a si mesmo egoisticamente, buscando somente a própria comodidade e segurança; é ter como único deus o dinheiro, adorando-o e querendo-o mais do que tudo, sendo capaz de fazer qualquer coisa por ele, por muito ruim que seja, sem se importar com as consequências (*trair amigos, irmãos, família, enganar, mentir, cometer injustiças, ser falso, roubar etc.*). Os que servem ao dinheiro, os que o têm como seu deus, são escravos dele, o dinheiro é o que domina e dirige suas vidas e suas decisões. O dinheiro lhes aprisiona na sua rede.

Procurar rapidamente as citações: Mc 10,17-25 e Lucas 12,15-21 (*quem encontrar primeiro leia em voz alta para todos*) e em seguida responder as perguntas:

- Onde o jovem rico e o rico ambicioso têm o coração e do que seu coração está cheio?

- A que deus eles adoram e servem? São livres ou escravos? Por quê?

- Por que amar a Deus e ao dinheiro são incompatíveis para um cristão?

- Imagine que você era o jovem rico, o que teria respondido a Jesus?

3.1 Conhecendo o Espírito Santo

Deus Pai, desde a Antiguidade, prometeu por meio dos profetas derramar seu Espírito Santo nos últimos tempos para renovar o coração das pessoas e conseguir assim que fossem felizes de verdade (Ez 36,24-28). Desta maneira saberiam descobrir onde está a verdadeira riqueza, saberiam que há mais alegria em dar do que em receber, em ajudar aos outros do que em ser egoístas e não solidários, saberiam descobrir onde está a autêntica felicidade.

> "Os textos proféticos diretamente referentes ao envio do Espírito Santo são oráculos em que Deus fala ao coração do seu povo na linguagem da promessa, com as tônicas do "amor e da felicidade" (Ez 11,19; 37,1-14; Jr 31,31-34; Jl 3,1-5), *cujo cumprimento São Pedro proclamará na manhã de Pentecostes*. Segundo essas promessas, nos "últimos tempos" o Espírito do Senhor renovará o coração dos homens gravando neles uma Lei Nova..."
>
> *Catecismo da Igreja Católica*, n. 715.

Deus Pai também prometeu, através dos profetas, que o Espírito Santo encheria de sua força e de seus dons ao Messias, a Jesus seu Filho, para realizar sua obra de salvação e libertar as pessoas de tudo o que causa infelicidade, sofrimento e morte.

"Os traços do rosto do Messias esperado começam a aparecer no Livro do Profeta Isaías (Is 11,1-2): *Um ramo sairá do tronco de Jessé, um rebento brotará das suas raízes. Sobre ele repousará o Espírito do Senhor, espírito de sabedoria e de inteligência, espírito de conselho e fortaleza, espírito de conhecimento e de temor do Senhor.*"

Catecismo da Igreja Católica, n. 712.

"Jesus Cristo inaugura o anúncio da Boa-nova fazendo sua esta passagem de Isaías (Lc 4,18-19; Is 61,1-2): *O Espírito do Senhor está sobre mim, porque Ele me ungiu para evangelizar os pobres; enviou-me para proclamar a remissão aos presos, e aos cegos a recuperação da vista, para restituir a liberdade aos oprimidos, e para proclamar um ano de graça do Senhor.*"

Catecismo da Igreja Católica, n. 714.

O Espírito que movia a Jesus enviou-lhe a comprometer-se até as últimas consequências com os mais pobres e excluídos de sua sociedade. É este mesmo Espírito que Ele envia a todos nós cristãos, chamados a seguir a mesma tarefa que Jesus iniciou: a de tornar possível um mundo melhor, onde já aqui na terra se inicie o Reino dos Céus.

- Retirar duas ideias fundamentais do texto que acabou de ler.

- Procurar na Bíblia as citações que aparecem nesse texto e comentá-las.

3.2 O Espírito Santo vem em nossa ajuda: o dom da BONDADE

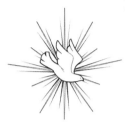

Para descobrir e viver cada dia a autêntica riqueza em nossas vidas, o Espírito Santo vem em nossa ajuda para dar-nos sua força. A única coisa que temos que fazer é deixar-nos levar pelo que nos diz o coração. E um dos sintomas (*os frutos*) que demonstram que o Espírito Santo está atuando em nós é a **BONDADE**, que nasce em nós de forma natural e espontânea.

Termômetro da BONDADE

Pontue-se de 1 a 10 em cada uma das questões de acordo com o que você vê de si mesmo (*1 significa que não há nada disso em você e 10 significa que você se identifica totalmente com essa frase e a cumpre perfeitamente*).

- ⃝ Uma pessoa bondosa faz o bem aos outros sempre que puder.
- ⃝ Uma pessoa bondosa é generosa e não lhe custa partilhar o que tem e o que é com os que a cercam.
- ⃝ Uma pessoa bondosa, antes de buscar seu próprio bem, preocupa-se em buscar o bem comum dos que vivem com ela. Não lhe importa sacrificar-se pelo bem dos outros.
- ⃝ Uma pessoa bondosa sabe desprender-se de suas coisas e de seu tempo em benefício dos outros que têm necessidade de ajuda.
- ⃝ Uma pessoa bondosa não tem nada de egoísta ou egocêntrica.
- ⃝ Uma pessoa bondosa é serviçal e está sempre disponível para ajudar. É alguém com quem sempre se pode contar. Amiga que nunca falha.
- ⃝ Uma pessoa bondosa é alguém com quem dá gosto conviver porque se preocupa com a felicidade dos que a rodeiam.

Depois de ter pontuado, escolha uma ou mais pessoas que mais amam você e o conhecem e peça que lhe pontuem. Não se trata de conseguir muitos pontos, mas sim de *ter consciência de que o Espírito Santo está atuando em você quando se comporta dessa maneira*. Por pouco que seja, se você se deixa guiar por Ele, com o tempo, a **BONDADE** será algo que lhe caracterizará perante os demais.

3.3 Já é a hora do compromisso

Jesus terminou de falar no prado da montanha. Muita gente se reuniu ao seu redor porque queria falar com Ele, tocá-lo. Você também quer aproximar-se, mas não pode devido a multidão.

Pegue um papel e escreva nele uma das frases ou versículos das citações do início do terceiro item que mais gostou, e que gostaria que sempre ficasse gravado em seu coração para que nunca esquecesse. Depois escreva de que maneira vai pôr em prática em sua vida diária essas palavras *(quais três ou quatro coisas vai fazer ou deixar de fazer, a fim de que se perceba e nunca lhe aconteça o mesmo que ocorreu com o jovem rico)*. Assinará com seu nome e fará em seguida um avião de papel.

Imagine que você jogue esse avião para Jesus e Ele o pegue. Não duvide de que, quando ler a sua mensagem, lançará um olhar sobre você, pedirá para as pessoas que se afastem e lhe dirá que se aproxime para dizer-lhe algo muito especial. Escreva aqui o que você imagina que Jesus poderia dizer-lhe depois de ler a sua mensagem.

3.4 Já é o momento de orar juntos

Terminar esta oficina fazendo todos juntos um momento de oração com Jesus (*orar e falar com nosso amigo Jesus no silêncio de nosso coração*). Ele é o primeiro a ajudar-nos a pôr em prática nosso compromisso de querer ser cristãos de verdade. Não estamos sozinhos... Ele está sempre conosco.

1) Iniciamos a oração fazendo o sinal da cruz.

2) O catequista fará a oração:

> *Vem, Espírito Santo,*
> *E envia do céu um raio de tua luz.*
> *Vem, Pai dos pobres e humildes,*
> *Vem dar-nos tua força e teus dons.*
> *Há tantas sombras de egoísmo neste mundo,*
> *Há tanta injustiça, tanta pobreza,*
> *tanto sofrimento...*
>
> *Consolador cheio de bondade,*
> *Doce hóspede da alma,*
> *Penetra com tua presença nossos corações.*
> *Habita-nos porque sem ti nada podemos.*
> *Elimina com teu calor nossas friezas.*
> *Acende nossa fraterna solidariedade.*
>
> *Abre-nos os olhos e os ouvidos do coração,*
> *Para saber descobrir teus caminhos em nossas vidas*
> *E poder ser construtores de Vida Nova.*

3) Um catequizando dirá estas palavras de Jesus:

> *"Onde dois ou mais estão reunidos em meu nome,*
> *Ali estou eu no meio deles".*

4) Dois catequizandos colocarão no centro de onde vocês estão reunidos uma imagem de Jesus e uma vela acesa.

61

5) Um outro catequizando lerá uma das citações do Evangelho do início do terceiro item, aquela que decidirem no grupo.

6) Fazer um minuto de silêncio sentindo-se unidos ao amigo Jesus que lhes falou nestas palavras do Evangelho.

7) Quem quiser poderá ler neste momento o que escreveu em seu avião e o que pensa que Jesus lhe diria.

8) Ler todos juntos a oração:

*Com dinheiro podemos comprar **diversão**, mas não **alegria**.*
*Com dinheiro podemos comprar um **empregado**, mas não um **amigo**.*
*Com dinheiro podemos comprar uma **casa**, mas não uma **família**.*
*Com dinheiro podemos comprar **remédios**, mas não a **saúde**.*
*Com dinheiro podemos comprar **diplomas**, mas não a **cultura**.*
*Com dinheiro podemos comprar **calmantes**, mas não a **paz**.*
*Com dinheiro podemos comprar **favores**, mas não **perdão**.*
*Com dinheiro podemos comprar a **terra**, mas não o **céu**.*
*Com dinheiro podemos comprar **títulos de nobreza**, mas não **honestidade**.*
*Com dinheiro podemos comprar **comodidades**, mas não a **felicidade**.*
*Com dinheiro podemos comprar coisas e passar bem (alguns momentos), mas somente **amando** e **ajudando solidariamente** aos outros podemos ser **felizes** de verdade.*

9) De mãos dadas, para sentirem-se irmãos, rezar juntos a oração do Pai-nosso e, para terminar, lançar os seus aviões na mesma direção, para Jesus.

OFICINA 3

O caminho do
perdão

APRESENTAÇÃO

Há situações em que facilmente se perde a paz e instala-se a violência. Escreva dentro deste balão tudo aquilo que, quando lhe fazem, tiram-lhe a paz, incomodam, irritam, ofendem, fazem você ficar nervoso ou perder a cabeça e a paciência, desde os menores e insignificantes detalhes até as coisas maiores.

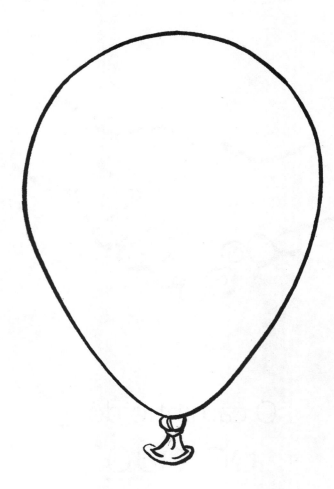

Quando tiver terminado, o catequista lhe dará um balão. No momento em que colocar em comum o que você escreveu, fará o seguinte: cada vez que você falar, encherá seu balão, de modo que, no final, quando já tiver dito tudo, encherá o balão até que estoure. Isso é o que acontece dentro do coração quando se perde a paz.

Quando alguém nos ofende ou nos fere podemos responder de diversas maneiras.

Vamos ler e analisar algumas destas respostas.

Resposta 1. Deixar-nos contagiar por seu ódio ou violência, fazermos como ele e responder ofendendo ou agredindo igualmente, iniciando assim uma espiral de violência que sempre irá piorar, pois provocará mais ódio, mais raiva, mais rancor, mais agressividade, mais ira. Nesse momento as pessoas se transformam em inimigos irreconciliáveis, e dia após dia seus corações estarão mais cheios de ódio e violência.

Resposta 2. Não fazer frente ao que nos ofende ou agride por medo. Sentir-nos-emos humilhados e indefesos. Seremos vítimas e estaremos nas mãos de quem nos ofende. Nossa autoestima estará no chão. Sentir-nos-emos indefesos e viveremos com insegurança e mal-estar. O ódio irá se apoderando de nós.

Resposta 3. Não deixar-nos contagiar por seu ódio e violência. Não fazermos como ele. Defendermo-nos de sua ofensa ou agressão sem recorrer nunca à violência ou ao insulto, sem perder o equilíbrio emocional e a serenidade, porque isso é o que querem conseguir os que nos ofendem. Trata-se de não cair na provocação do outro e responder a partir da paz, e não da violência.

Resposta 4. Outra coisa que podemos fazer inclui tudo o que foi dito na resposta anterior, acrescentando-lhe o seguinte: perdoar aos que nos ofenderam ou nos machucaram, porque não perdoar faz com que vivamos sempre com ressentimento, cheios de rancor e ódio, porque constantemente tem-se na mente o mal que nos fizeram.

Quando não perdoamos, deixamo-nos surpreender pelo ódio que nos vence e escraviza, impedindo-nos de viver em paz e de sermos nós mesmos. Se não perdoamos, nos tornamos escravos da pessoa que nos ofendeu... e quanto mais tempo deixamos passar, mais nos envenenamos por ela. Uma pessoa demonstra o quanto é forte pela capacidade de perdão que tem. Somente os fracos não perdoam, porque o ódio é mais forte do que os que se deixam dominar por ele. Vive-se melhor perdoando do que com mágoa.

- Qual a sua opinião sobre cada uma dessas quatro respostas? Qual delas você acredita que seja a melhor resposta perante uma ofensa?

Esta oficina vai mostrar-lhe o caminho que Jesus propõe para enfrentar com valentia as ofensas: é o caminho do perdão e do amor aos inimigos. Não é algo que seja fácil, já sabemos por experiência, mas sem dúvida, ainda que não pareça, é a melhor forma de solucionar os conflitos sem perder a paz e ficar livres de nossos ofensores, sendo mais fortes do que o ódio, que nos amargaria a vida. Porém, sozinhos não podemos somente com nossas forças. Necessitamos do Espírito Santo. *Se quiserem recorrer a este caminho que Jesus propõe com a força do Espírito e quiserem aprender a perdoar como na resposta 4, deixa tudo e vem; espera o sinal de saída: Preparados, prontos... Já!*

1 Preparados...

JOGO
OLHO POR OLHO E DENTE POR DENTE

Imagine que você viva em uma cidade pequena onde ninguém está disposto a perdoar. Se há algum conflito sempre se aplica o olho por olho e dente por dente, ou seja, o mal ou ofensa que alguém receba são feitos ao outro na mesma medida e proporção, como vingança. Na Antiguidade isso era chamado de lei de Talião, e assim aparece descrita no Antigo Testamento. Como se viveria neste lugar?

Veremos neste jogo. Cada um amarrará em um pé quatro balões. (*O catequista dará o material necessário.*) O jogo consiste no seguinte:

1) Vivem em uma cidade muito pequena, e numa sala ou pátio irão delimitar um espaço muito pequeno de onde não poderão sair.

2) Não suportarão que alguém toque em algo que seja seu, ainda que seja por acidente; ficarão zangados se alguém roça ou toca sem querer alguns de seus balões ou a vocês mesmos. Se isso ocorrer, irão furar um balão de quem causou esse grande desgosto ou chateação.

3) Se alguém furar um de seus balões porque está chateado, vocês o perseguirão para furar outro balão, como vingança.

4) Deverão estar em contínuo movimento pelo espaço delimitado para o jogo. Não poderão correr, apesar de serem obrigados a andar rápido porque são pessoas com muito trabalho.

5) Se ficarem sem balões, ficarão com tanta raiva e ódio que irão estourar todos os balões que encontrarem.

Questões para comentar depois do jogo

- Em um lugar onde as pessoas vivem assim, quando poderiam viver em paz? Quando se poderia viver sem ódio e rancor?
- O caminho do ódio e da vingança pode levar aonde? Isso soluciona em alguma coisa os conflitos?
- Qual a sua opinião sobre esta frase que disse Gandhi: "Olho por olho e o mundo ficará cego". Relacione-a com tudo o que ocorreu no jogo.

2 Prontos...

HISTÓRIA
O JOVEM E ORGULHOSO PRÍNCIPE

O rei enviou o seu jovem e orgulhoso filho, o príncipe herdeiro, à procura de um sábio ancião que vivia muito distante do reino, a fim de que aprendesse dele qual era o caminho do bem e qual era o caminho do mal. Ele era famoso por sua grande sabedoria. Pessoas de todo o mundo recorriam a ele para ouvir seus ensinamentos e conselhos. Todos ficavam admirados com suas palavras tão sábias.

O jovem príncipe, depois de dias caminhando, chegou à cabana onde vivia humildemente aquele sábio ancião. Quando estava diante dele, pediu-lhe que mostrasse qual era o caminho do bem e qual era o caminho do mal.

Porém, o ancião parecia ignorar o jovem e orgulhoso príncipe. Então o príncipe voltou a insistir em seu pedido, em um tom de voz mais alto. Mas o ancião não deu a menor importância. O jovem príncipe, um pouco incomodado, tentou novamente com voz mais forte, mas nada. Assim o fez várias vezes, porém sem conseguir resposta. O príncipe estava muito irritado e contrariado porque nunca ninguém havia se atrevido a ignorá-lo daquela maneira.

> O orgulho, a raiva e o ódio conduzem ao caminho que se vai para o mal.

Entretanto, de repente, o ancião começou a insultar-lhe como nunca ninguém jamais havia feito. Zombou dele e ridicularizou-o da forma mais humilhante. Poucas vezes havia escutado insultos tão grandes e desagradáveis como os que havia dito o ancião.

Então o jovem e orgulhoso príncipe não pôde suportar mais, e, cheio de ira e ódio, tirou sua espada, levantou-a com raiva e, quando estava baixando-a com toda fúria para cortar-lhe a cabeça, o sábio ancião disse-lhe com um sorriso e uma grande paz:

– Por este caminho se vai para o mal.

O jovem príncipe repensou e deteve a sua espada no último momento. Respirou fundo, jogou a espada no chão e depois de ver o grande valor e sabedoria daquele ancião, ajoelhou-se diante dele para pedir-lhe, sinceramente, perdão por tudo o que quase fez levado pelo ódio.

Então o ancião sábio disse-lhe com um sorriso:

– Por este caminho se vai para o bem.

E depois de um pequeno silêncio acrescentou:

– Nunca se deixe vencer pelo ódio, a ira e o rancor. Que o perdão seja o que guie seus passos e a paz sempre abrirá caminho em seu coração.

O jovem príncipe foi para a sua casa sem orgulho, tendo recebido uma lição que jamais esqueceria.

> **Nunca se deixe vencer pelo ódio, a ira e o rancor. Que o perdão seja o que guie seus passos e a paz sempre abrirá caminho em seu coração.**

PARA O DIÁLOGO

1) Por que razão o rei enviou seu filho para falar com o sábio ancião?

2) Como o ancião ensinou-lhe o caminho do mal e o caminho do bem?

3) Como o jovem príncipe reagiu?

4) Qual a sua opinião sobre o conselho final que o ancião deu ao príncipe?

5) Como você costuma solucionar ou responder as ofensas e os conflitos que os outros lhe causam?

6) É fácil vencer o ódio, a raiva, a chateação que a ofensa provoca? Por quê?

7) É fácil perdoar? Por quê? Você costuma pedir perdão quando ofende alguém?

8) Como você se sentiu quando perdoou alguém? E quando alguém lhe perdoou?

9) Você conhece alguma história ou testemunho sobre o perdão?

10) Qual é a melhor lição sobre o perdão que Jesus nos deu no Evangelho?

ATIVIDADE 1

O CAMINHO DO PERDÃO: CONSELHOS PRÁTICOS

Quando alguém nos ofende ou nos faz mal de qualquer forma, é como se algo muito valioso rompesse dentro de nós: rompe-se a PAZ. O caminho do perdão será o único meio para recompô-la. Mas por experiência própria sabemos que perdoar não é tão fácil.

Às vezes tem que passar o tempo para que se possa perdoar de coração. O perdão deve nascer livremente dentro da gente mesmo, para que seja autêntico e libertador. Com o perdão liberamo-nos de uma pesada carga de ódio e ressentimento, porém o caminho para chegar até lá, às vezes, não é fácil e necessitamos que nosso Deus Pai envie-nos seu Espírito Santo para dar-nos paz e força interior. Ele sempre nos perdoa, façamos o que façamos, por isso mesmo nos convida a perdoar da mesma forma a quem nos ofende.

Formem grupos de três pessoas. Cada grupo desenhe e recorte um jogo de peças de Tangran como este:

Em cada uma das peças escrevam tudo aquilo que caracteriza uma pessoa que não perdoa alguém que a ofendeu, feriu ou fez algum mal. Escreva os sintomas que deixam claro ou demonstram que uma pessoa não perdoou a outra, o que sente, o que pensa, como se comporta diante do outro, as relações que tem etc. *Será uma forma de simbolizar que sua paz interior está despedaçada.*

Depois de ter escrito nas distintas peças, trata-se de ver o que essa pessoa teria que fazer para reconstruir ou recompor sua paz interior. Quais os conselhos poderiam dar a ela para que aprenda o caminho do perdão?

Cada um dos conselhos está ilustrado por uma figura construída com as peças do Tangram. *Representa simbolicamente a paz recomposta.*

O caminho do ódio nunca solucionou nenhum conflito.

Faça uma oração. Deus está contigo para que recomponha a paz.

Perdoa os que te ofendem como Deus sempre perdoa as tuas ofensas.

Não viva pensando sempre no mal que fez. Apenas conseguirás viver amargurado e magoado.

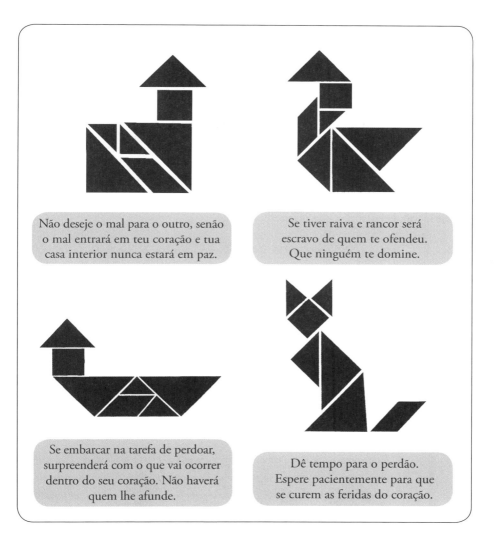

Montem estas figuras do Tangram para indicar por onde vai o caminho do perdão. Se em cada grupo surgirem mais conselhos possíveis para aprender a perdoar de coração, acrescentem e inventem figuras novas com as peças do Tangram para ilustrar simbolicamente seus novos conselhos.

Partilhem coletivamente os novos conselhos que surgirem nos grupos.

ATIVIDADE 2

HISTÓRIA DE KIM PHUC
"O perdão é mais poderoso do que qualquer outra arma."

A fotografia de uma menina correndo desesperada pela rodovia, com seu corpo queimado devido à explosão de uma bomba, foi a imagem da Guerra do Vietná em 1972. Depois de 35 anos, Kim Phuc, a famosa menina da foto, contava assim o que ocorreu:

"Em oito de junho de 1972, todos estávamos escondidos no templo. Os soldados escutaram os aviões sobrevoando no local e gritaram: corram, corram! Corri com meus irmãos e meus primos, e quando me dei conta havia perdido minha roupa e minha pele começava a arder. A dor era tão horrível que perdi a consciência".

Kim sofreu queimaduras em 65% de seu corpo, mas Nick Ut, o fotógrafo vietnamita, autor da foto que rodou no mundo e ganhou o Prêmio Pulitzer de fotografia em 1973, socorreu-a, levou-a no hospital e salvou sua vida. Ela permaneceu hospitalizada durante 14 meses e sofreu 17 cirurgias, mas sobreviveu.

Continua dizendo Kim:

"Eu desmaiava de dor. Não sabia o que era a dor. Havia caído de bicicleta alguma vez, mas o napalm é o pior do que podem imaginar. É como queimar-se com gasolina debaixo da pele. Desmaiava cada vez que as enfermeiras me faziam curativo e cortavam a pele morta. Porém não morri. Dentro de mim havia uma menina pequena e forte, que queria viver".

Se não fosse pelas cicatrizes do seu corpo, ao vê-la hoje com seu sorriso permanente e seu bom humor, ninguém imaginaria seu drama pessoal.

Mas a recuperação não foi fácil:

"Tive pena de mim mesma. Queria pôr camisetas de manga curta e não podia. Olhava meus braços e me perguntava: Por que comigo? Cheguei a pensar que não teria namorado, nem me casaria, nem teria um bebê. Mas cheguei a superar graças ao amor de minha família e de Deus". (Atualmente é casada e tem dois filhos.)

Depois de ter-se recuperado, seu primeiro desejo foi voltar para a escola. Sonhava em ser médica... e assim foi. Fez o Curso de Medicina.

"Uma das lições que aprendi com esta experiência foi perdoar. Quando li pela primeira vez as palavras de Jesus: amar os inimigos, não sabia como fazê-lo. Sou humana, tenho muita dor, muitas cicatrizes, e fui vítima por muito tempo. Achava que seria impossível. Tive que rezar muito e não foi fácil, mas no final consegui".

Em 1996, a Fundação para a Memória dos Veteranos do Vietnã convidou-a para ir a Washington, e lá ela conheceu um dos pilotos que participaram do bombardeio de Trang Bang, sua cidade. Kim Phuc perdoou-o publicamente entre soluços, transformando-se no *símbolo mundial da reconciliação.*
Kim disse diante de todos:

"O perdão é mais poderoso do que qualquer arma do mundo".

Um ano depois foi nomeada Embaixadora de Boa Vontade pela Unesco. Em 1997 criou a *Fundação Kim Phuc,* que se dedica a ajudar as crianças vítimas da guerra e da violência, e a defender a educação como a melhor ferramenta do futuro:

"Minha foto é um símbolo da guerra, mas *minha vida é um símbolo de amor, esperança e perdão***".**

• Depois de ler esse testemunho, qual a sua opinião sobre ele? O que mais chama a sua atenção, o que sublinharia como mais importante?

_____
_____
_____
_____

• O caminho do perdão para Kim Phuc não foi fácil. O que você acha que possibilitou que ela perdoasse ao piloto que lhe fez tanto mal quando era criança?

_____
_____
_____

- Escreva uma carta para Kim contando-lhe o que seu testemunho ensinou para você.

3 Já!

Já é hora de colocar em PRÁTICA as palavras de Jesus!

Jesus, seguido de uma grande multidão, subiu à montanha e se sentou em um prado. Seus discípulos se aproximaram e Ele começou a ensinar-lhes, dizendo:

Ler Mt 5,21-26.
Ler Mt 5,39-40.
Ler Mt 5,43-48.

- Relacione tudo o que foi trabalhado em cada uma das atividades desta oficina com as palavras de Jesus que acabam de ler, e as que se encontram na citação de Mt 18,21-35. Trata-se de associar alguma frase ou palavra destes textos de Jesus ao que já viram em cada atividade ou item.

_____

_____

- Tire três conclusões depois de tudo o que foi tratado nesta oficina.

_____

_____

_____

_____

_____

_____

3.1 Conhecendo o Espírito Santo

Jesus Cristo, o Filho de Deus, também prometeu aos seus discípulos que enviaria o Espírito Santo para estar sempre com eles, recordar seus ensinamentos, ajudar e guiar pelo caminho que leva à felicidade completa, tornando possível cumprir o que Ele pediu: "Amai vossos inimigos... e sede perfeitos como vosso Pai celestial é perfeito no Amor".

"Foi somente quando chegou a hora em que ia ser glorificado que Jesus promete a vinda do Espírito Santo, pois a sua morte e ressurreição serão o cumprimento da promessa feita aos pais (Jo 14,16-17; Jo 14,25-26): o Espírito de Verdade será dado pelo Pai em nome de Jesus [...]. O Espírito Santo virá, nós o conheceremos, Ele estará conosco para sempre, Ele permanece conosco; Ele nos ensinará tudo e nos lembrará tudo o que Cristo nos disse, e dele dará testemunho; conduzir-nos-á à verdade inteira e glorificará a Cristo."

Catecismo da Igreja Católica, n. 729.

Deus Pai ressuscitou a Jesus por meio do Espírito Santo. A partir daí estamos já vivendo os "últimos tempos" anunciados pelos profetas do Antigo Testamento. No Dia de Pentecostes o Espírito Santo foi enviado plenamente sobre os discípulos. A partir desse momento é o tempo da Igreja, onde o Espírito Santo se faz presente para tornar possível o Reino de Deus que Jesus já veio iniciar neste mundo.

"Anunciamo-vos a Boa-nova: a promessa, feita a nossos pais, Deus a realizou plenamente para nós, seus filhos, ressuscitando Jesus (At 13,32-33). A ressurreição de Jesus é a verdade culminante da nossa fé em Cristo, crida e vivida como verdade central pela primeira comunidade cristã, transmitida como verdade central."

Catecismo da Igreja Católica, n. 638.

"Desde o Dia de Pentecostes o Reino anunciado por Cristo está aberto aos que creem nele; na humildade da carne e na fé, eles participam já da Comunhão da Santíssima Trindade. Pela sua vinda que não cessa, o Espírito Santo faz o mundo entrar nos últimos tempos, o tempo da Igreja."

Catecismo da Igreja Católica, n. 732.

- Destaque duas ideias fundamentais do item 3.1 que acaba de ler.
- Procure na Bíblia as citações que aparecem neste item e comente-as.

3.2 O Espírito Santo vem em nossa ajuda: o dom da PAZ

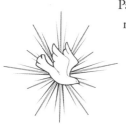

Para aprender o caminho do perdão, o Espírito Santo vem em nossa ajuda para dar-nos sua força. A única coisa que temos que fazer é esforçar-nos para não deixar que o ódio inunde o nosso coração... e Ele cuidará do resto. E um dos sintomas (*ou frutos*) que demonstram que o Espírito Santo está atuando em nós é a **PAZ INTERIOR** que nasce em nós de forma natural e espontânea... aconteça o que acontecer.

Termômetro da PAZ INTERIOR

Pontue de 1 a 10 em cada uma das questões de acordo com o que você vê de si mesmo (*1 significa que não há nada disso em você e 10 significa que você se identifica totalmente com essa frase e a cumpre perfeitamente*).

- ◯ Não odeia seu inimigo, que lhe ofende.
- ◯ Não é rancoroso.
- ◯ Não quer e nem deseja o mal a seu inimigo.
- ◯ Não perde a paz quando alguém lhe ofende.
- ◯ Perdoa de coração.
- ◯ É uma pessoa de paz.
- ◯ Sempre pede perdão quando ofendeu ou incomodou alguém.

Depois de ter pontuado, escolha uma ou mais pessoas que mais amam você e o conhecem e peça que lhe pontuem. Não se trata de conseguir muitos pontos, mas sim de *ter consciência de que o Espírito Santo está atuando em você quando se comporta dessa maneira*, por pouco que seja. Se você se deixa guiar por Ele, com o tempo a **PAZ INTERIOR** será algo que lhe caracterizará perante os demais, pois com a sua atitude será construtor de paz ao seu redor.

3.3 Já é a hora do compromisso

Jesus terminou de falar no prado da montanha. Muita gente se reuniu ao seu redor porque queria falar com Ele, tocá-lo. Você também quer aproximar-se, mas não pode devido a multidão.

Pegue um papel e escreva nele uma das frases ou versículos das citações do início do terceiro item que mais gostou, e que gostaria que sempre ficasse gravado em seu coração para que nunca esquecesse. Depois escreva de que maneira vai pôr em prática em sua vida diária essas palavras (*quais três ou quatro coisas você fará ou deixará de fazer para isso*). Assinará com seu nome e fará em seguida um avião de papel.

Imagine que você jogará esse avião para Jesus e Ele o pegue. Não duvide de que, quando ler a sua mensagem, lançará um olhar sobre você, pedirá para as pessoas que se afastem e lhe dirá que se aproxime para dizer-lhe algo muito especial. Escreva aqui o que você imagina que Jesus poderia dizer-lhe depois de ler a sua mensagem.

3.4 Já é o momento de orar juntos

Terminar esta oficina fazendo todos juntos um momento de oração com Jesus (*orar e falar com nosso amigo Jesus no silêncio de nosso coração*). Ele é o primeiro a ajudar-nos a pôr em prática nosso compromisso de querer ser cristãos de verdade. Não estamos sozinhos... Ele está sempre conosco.

1) Iniciamos a oração fazendo o sinal da cruz.

2) O catequista fará a oração:

> *Vem, Espírito Santo,*
> *E envia do céu um raio de tua luz.*
> *Vem, Pai dos pobres e humildes,*
> *Vem dar-nos tua força e teus dons.*
> *Há tantas sombras de egoísmo neste mundo,*
> *Há tanta injustiça, tanta pobreza,*
> *tanto sofrimento...*
>
> *Consolador cheio de bondade,*
> *Doce hóspede da alma,*
> *Penetra com tua presença nossos corações.*
> *Habita-nos porque sem ti nada podemos.*
> *Elimina com teu calor nossas friezas*
> *Acende nossa fraterna solidariedade.*
>
> *Abre-nos os olhos e os ouvidos do coração,*
> *Para saber descobrir teus caminhos em nossas vidas,*
> *E poder ser construtores de Vida Nova.*

3) Um catequizando dirá as palavras de Jesus:

> *"Onde dois ou mais estão reunidos em meu nome,*
> *Ali estou eu no meio deles".*

4) Dois catequizandos colocarão no centro de onde estiverem reunidos uma imagem de Jesus e uma vela acesa.

5) Um outro catequizando lerá uma das citações do Evangelho do início do terceiro item, aquela que decidirem no grupo.

6) Fazer um minuto de silêncio para sentirem-se unidos ao amigo Jesus, que lhes falou nas palavras do Evangelho.

7) Quem quiser poderá ler neste momento o que escreveu em seu avião, e o que pensa que Jesus lhe diria.

8) Ler juntos a oração:

Senhor, fazei de mim um instrumento de vossa paz.
Onde houver ódio, que eu leve o amor;
Onde houver ofensa, que eu leve o perdão;
Onde houver discórdia, que eu leve a união;
Onde houver dúvida, que eu leve a fé;
Onde houver erro, que eu leve a verdade;
Onde houver desespero, que eu leve a esperança;
Onde houver tristeza, que eu leve a alegria;
Onde houver trevas, que eu leve a luz;

Ó Mestre, fazei que eu procure mais
Consolar, que ser consolado;
Compreender, que ser compreendido;
Amar, que ser amado.
Pois é dando que se recebe,
É perdoando que se é perdoado,
E é morrendo que se vive
Para a vida eterna.

São Francisco de Assis

9) De mãos dadas, para sentirem-se irmãos, rezar juntos a oração do Pai-nosso e, para terminar, lançar os seus aviões na mesma direção, para Jesus.

OFICINA 4

Viver
confiante

APRESENTAÇÃO

O que faz as pessoas sentirem insegurança, medo, inquietação, preocupação? O que gostaríamos que nunca nos acontecesse? O que poderia nos deixar angustiados ou fazer perder o sono? O que nos faria sentir mal...? Tente, se possível, responder essas questões, resumindo em uma ou duas palavras. Quando terminar coloque as palavras nos quadradinhos do quadro para fazer com elas um caça-palavras. (*Se usou duas palavras para dizer uma só, escreva-as juntas no quadro.*)

Depois de escrevê-las complete os quadradinhos com letras. Em seguida passará seu caça-palavras a um colega, e ele passará o dele para você. Terão 10 minutos para encontrar as palavras escondidas pelo colega. Quando esgotar o tempo, deverão escrever em comum o que cada um colocou no quadro.

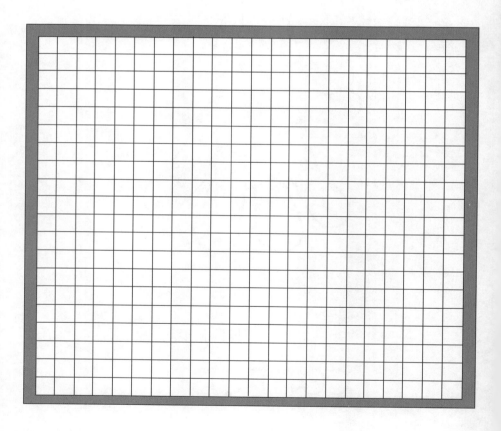

O que você vai descobrir nesta oficina é que *Deus lhe ama tanto que não quer que se preocupe com nada do que escreveu na sopa de letras.* Ele quer lhe dizer que deve perder o medo de todas essas coisas, porque *Ele estará* SEMPRE *com você* para cuidar de você, para fortalecer-lhe, para animar-lhe, para ajudar-lhe, para dar-lhe a energia de seu próprio Espírito.

Ele somente pede que CONFIE SEMPRE NELE. Ele lhe dará uma força especial para enfrentar qualquer coisa negativa que possa surgir em sua vida. *Basta você colocar em suas mãos tudo aquilo que lhe angustia e preocupa, e a força de seu Espírito, o Espírito Santo, lhe inundará e o fará forte para enfrentar todo o mal com muita coragem.*

Detector de pessoas com o Espírito

Já observou que há pessoas que, por exemplo, tendo a mesma doença ou sofrendo a mesma desgraça ou problema, não enfrentam ou reagem da mesma maneira? Uma fica desanimada e deprimida, a outra fica serena, em paz e forte, enfrentando com coragem sua doença ou desgraça, lutando para seguir em frente.

O último é o que caracteriza as pessoas que confiam em Deus e se deixam invadir pela força de seu Espírito. São lutadoras quando surgem os problemas e não se desesperam diante deles.

Vocês conhecem pessoas assim? O que sabem sobre elas? Gostariam de reagir como elas diante das dificuldades? Por quê?

Esta oficina vai propor que a melhor forma de viver a vida é confiando sempre em Deus, porque Ele é o amigo que nunca falha. *Se quiser viver desta forma, aprendendo a ter consciência de que Deus está presente em seu coração dando-lhe sempre seu Espírito de fortaleza, deixa tudo e vem; espera o sinal:*
Preparados, prontos... Já!

85

1 Preparados...

JOGO
OUVIR COM ATENÇÃO

Na vida, quando nos surgem algum problema ou dificuldade, nossa cabeça começa a dar voltas e mais voltas em torno do problema. Esquentamos a cabeça, enchem-se de vozes e palavras que não param de ressoar e martelar em nosso interior. São as vozes dos nossos pensamentos e, perante as adversidades ou dificuldades, podem se centrar no pior, no mais negativo. Esses pensamentos que nos vêm à mente podem ser variados.

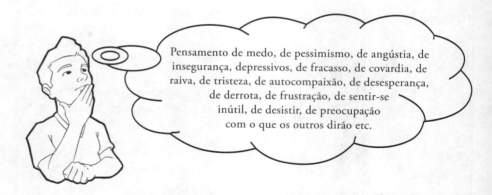

Pensamento de medo, de pessimismo, de angústia, de insegurança, depressivos, de fracasso, de covardia, de raiva, de tristeza, de autocompaixão, de desesperança, de derrota, de frustração, de sentir-se inútil, de desistir, de preocupação com o que os outros dirão etc.

Nos momentos difíceis da vida esses pensamentos são as vozes interiores que bombardeiam, às vezes, nosso ânimo, deixando-nos para baixo. Trata-se de vencê-los, não dando importância, não perdendo nem um segundo com eles, pondo nosso pensamento unicamente em Deus, deixando em suas mãos o que nos preocupa e angustia, porque estamos certos de que nele encontraremos força para seguir em frente diante das nossas dificuldades e problemas. Feito isso, devemos buscar ajuda e apoio das pessoas mais próximas, para que não fiquemos sozinhos com o problema.

Faremos um jogo para representar isso. Você e seus colegas formarão três equipes e estabelecerão uma ordem de participação. Em cada equipe escolherão uma pessoa que terá um problema gravíssimo.

Em um pátio ou sala grande, marcar no chão uma linha de saída onde se posicionará a equipe que for jogar. O catequista colocará uma venda nos olhos da pessoa da equipe que tem um problema gravíssimo e lhe dará também uma mochila ou bolsa cheia de coisas para representar seu problema, que é uma carga pesada para ela.

Depois o catequista pegará um papel em que nele terá desenhado uma mão, e o colocará no chão a 15 metros de distância da pessoa que tem os olhos vendados. Essa mão simbolizará a mão de Deus, e a equipe à qual pertence a pessoa com os olhos vendados simbolizará as pessoas próximas dela, que estão dispostas a apoiá-la com seu problema.

O jogo consiste em que os membros do grupo, somente com a voz e sem ultrapassar a linha de saída, guiem seu colega para que deposite a carga pesada de seu problema (*mochila*) nas mãos de Deus (*folha de papel no chão*).

Ele deverá estar muito atento para escutar as instruções que os membros da sua equipe lhe derem. A dificuldade estará em que os componentes das outras equipes representarão simbolicamente as vozes dos pensamentos negativos que existem em nossa cabeça quando temos um problema grave. Então terão o papel de fazer barulho com suas vozes, dando instruções erradas para confundir, distrair, impedir que escute com clareza as ordens e dicas de sua equipe. Assim, seu papel é o de fazer muito barulho para dificultar que o outro coloque o seu problema nas mãos de Deus.

Cada equipe terá o máximo de sete minutos para conseguir que seu colega deposite seu problema nas mãos de Deus.

Comentários após o jogo

1) Qual a maior dificuldade (*para os que estavam com os olhos vendados*) para superar a prova? O que vocês faziam para não desconcentrar-se e poder escutar a voz da sua equipe?

2) É fácil ou difícil deixar de escutar os pensamentos negativos que vêm em nossa cabeça quando temos um problema?

3) Vocês deixam facilmente que os outros os ajudem quando vocês têm um problema grave ou dificuldade, ou guardam somente para vocês?

4) Vocês deixam nas mãos de Deus quando têm alguma dificuldade?

5) Vendo o que aconteceu no jogo, poderíamos dizer que isso é o que pode acontecer no interior de nossa cabeça quando temos um problema grave, uma dificuldade ou algo que nos angustia. De acordo com isso, que conselhos práticos poderiam dar a alguém, a nós mesmos, para não desanimarmos ou afundarmos diante de uma dificuldade?

2 Prontos...

HISTÓRIA
O PODER DO OLHAR

Enquanto tomava café, um homem chegou com uma notícia do jornal que falava sobre a quantidade de pessoas que passavam fome no mundo, e disse a si mesmo:

– Onde Deus está para ajudá-las?

E continuou sua vida com toda normalidade.

Ao meio dia viu no Jornal da Tarde que falava sobre as pessoas que sofriam e morriam no mundo por causa da pobreza e injustiça, e disse:

– Onde está Deus para ajudá-las?

E continuou sua vida com toda normalidade.

Pela tarde, enquanto estava no carro a caminho do trabalho, viu um mendigo dormir sobre papelões no chão, e disse:

– Onde está Deus para ajudá-las?

E continuou sua vida com toda normalidade.

Pela noite, quando chegou em casa, abatido, cabisbaixo e derrotado porque havia perdido seu emprego, disse:

– Onde está Deus para ajudar-me?

E sua vida não continuou mais com toda normalidade.

Ele se encheu de tristeza e desesperança enquanto repetia: onde está Deus para ajudar-me?

Nessa noite Deus apareceu em seus sonhos para responder à sua insistente pergunta. Carregava debaixo do braço algo parecido a um álbum de fotos. Entregou-o ao homem, que ficou surpreso ao ver que lá estavam as fotografias de todos os momentos mais importantes de sua vida. Neles sempre aparecia Deus fotografado ao seu lado na foto: quando nasceu, quando aprendeu a andar, quando disse a primeira palavra, quando celebrou seu primeiro aniversário, quando aprendeu a andar de bicicleta, e assim em cada momento de sua vida.

> **Deus sempre está presente nos momentos mais difíceis de sua vida para dar-lhe força e ânimo, para que possa olhar a vida com esperança.**

89

Em todos eles Deus estava sempre ao seu lado, apesar de ele não ter visto. Mas percebeu que nos momentos mais difíceis de sua vida, em suas fotos mais tristes e dolorosas, quando morreu seu pai, quando seu melhor amigo o traiu, quando esteve gravemente doente, ou agora que estava desempregado, Deus não aparecia na foto ao seu lado; estava só nas fotografias.

Então perguntou a Deus por que o havia deixado sozinho nos momentos em que mais necessitava de sua ajuda. E Deus respondeu:

– Olhe bem nas fotos em que disse que estava sozinho... Não está me vendo?

Porém ele, por muito que olhava e olhava, não o via em nenhuma delas. E Deus disse-lhe:

– Que pouco me conhece! Se me conhecesse de verdade reconheceria meu olhar, meus olhos refletidos em seus próprios olhos nas fotografias. Eu estava dentro de você. Sempre estive em você nos momentos mais difíceis de sua vida para dar-lhe força e ânimo, para dar-lhe companhia e consolo, para que pudesse olhar a vida com meus próprios olhos, com esperança... Mas poucos sabem descobrir-me dentro deles. Eu sempre estou dentro dos que sofrem e vivem mal. Por isso quero dizer-lhe algo muito importante agora...

Nesse momento o homem acordou sem saber o que Deus queria dizer-lhe em seu sonho. Estava confuso. Não sabia o que pensar. Teria sido realmente tudo um sonho?

O telefone que estava no quarto tocou. Era seu melhor amigo que tinha ficado sabendo que ele havia perdido o emprego. Disse-lhe que tinha um conhecido que precisava contratar alguém em sua empresa. Se tivesse interesse deveria ir de manhã para uma entrevista.

Assim o fez. A caminho da entrevista cruzou-se com um mendigo que lhe pediu fogo. Ao invés de passar longe como havia feito todos os dias, parou e acendeu o seu cigarro, e pela primeira vez olhou em seus olhos...

Ao ver seu olhar, ficou estremecido e comovido. Ali no fundo daqueles olhos, no fundo de suas pupilas, estava Deus escondido... E, nesse mesmo instante, umas palavras misteriosas e silenciosas começaram a soar no mais íntimo de seu coração. Diziam assim:

– Criei você para que ajude aos que sofrem e criei os outros para que lhe ajudem quando você necessitar. Não esqueça... e confie sempre em mim.

Desde aquele dia o homem deixou de perguntar-se:

– Onde Deus está para ajudá-los?

> **Deus criou você para que ajude aos que sofrem e criou aos outros para que lhe ajudem quando você necessitar.**

PARA O DIÁLOGO

1) Qual a pergunta que o homem da história fazia constantemente? Você já fez essa pergunta alguma vez? Por quê?

2) Como Deus responde a essa pergunta em seu sonho?

3) Em que momento ele descobre o olhar de Deus? Por que você acha que antes ele não tinha visto o olhar de Deus?

4) Qual coisa muito importante Deus quis lhe dizer? Quais as palavras de Jesus que você lembra e que sejam similares?

5) Onde está Deus para ajudar os que sofrem?

6) Segundo o que você observou nessa história, poderia explicar o significado da palavra "Providência"? Você pode ser "Providência" para outra pessoa? Dê exemplo:

7) Alguma vez alguém já lhe ajudou, quando mais necessitava, sem que você tivesse pedido, ou alguém já solucionou para você um problema ou dificuldade quando menos esperava?

8) Você percebe os problemas ou necessidades das pessoas que estão ao seu redor? O que você faz diante delas?

9) Pense por alguns minutos em que momentos ou situações você poderia dizer que Deus ajudou em sua vida de uma forma especial. Poderia dizer sobre alguns desses momentos?

10) Resuma numa frase a mensagem que essa história lhe traz.

ATIVIDADE 1

A IMPRESSÃO DIGITAL

Você deve saber que Deus vela por você, lhe acompanha e guarda em todo momento. Ele sempre está com você. Saberia descobrir suas impressões digitais em sua vida?

Para isso você deve observar: as pessoas que ocupam um lugar importante em sua vida porque gostam muito de você; as pessoas que demonstraram que são seus amigos verdadeiros; as pessoas que alguma vez lhe ajudaram num momento difícil de sua vida; as pessoas que sempre estiveram ao seu lado, apoiando-lhe; as pessoas que lhe tiraram de um apuro ou ajudaram-lhe gratuitamente a solucionar um problema, uma dificuldade; as pessoas que passaram por sua vida fazendo coisas boas sem pedir nada em troca...

Escreva o nome de todas essas pessoas que você se recorda na linha desta impressão digital. Cada flecha corresponde a uma linha da impressão. A quem corresponde cada uma?

Estas são as impressões de Deus em sua vida. Onde há amor, onde há amizade verdadeira, onde há generosidade, onde há entrega gratuita... aí está Deus, porque Deus é Amor. Sem ter consciência disso, essas pessoas foram, ou estão sendo, providência de Deus, ou seja, cuidado, ajuda e proteção de Deus em sua vida.

1) Quais reflexões ou pensamentos surgem em sua mente depois de ver esta impressão digital?

2) Por alguns minutos, faça um exercício de imaginação. O que seria hoje de sua vida se essas pessoas houvessem lhe negado ajuda, amor, amizade, apoio? Como você acha que estaria hoje? Seria a mesma pessoa? O que teria mudado em você?

3) Essas pessoas sabem o quão importante foram ou são em sua vida? De que maneira você as agradeceu?

ATIVIDADE 2

A REDE PROTETORA

Se os outros podem ser providência de Deus em nossas vidas, nós também podemos ser providência de Deus para os outros. Trata-se de fazer aos outros o que nós gostaríamos que fizessem para nós se tivéssemos passando por dificuldades.

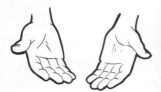

> Deus quer que sejamos suas mãos para ajudar aos outros. O que deixamos de fazer, Deus não poderá fazer aos outros em nosso lugar. Por isso é importante que sempre estejamos atentos ao que Deus quer de nós em cada momento.

Todos se posicionarão na sala formando um grande círculo, ficando uma certa distância uns dos outros. O catequista levará um rolo de corda ou de linha que simbolizará o fio da providência de Deus. Pegará com uma mão o extremo da corda e com a outra mão segurará o rolo. Dirá primeiro o nome de um dos integrantes do círculo e em seguida dirá: *"Aqui você tem minha ajuda"*. E depois jogarão rolo, sem soltar a linha que a outra mão está segurando.

O outro segurará o rolo no ar e terá que repetir a mesma ação: pegará com uma mão a corda ou linha, para não soltá-la, e, com a outra mão, o rolo; falará o nome do outro colega que está diante dele e lhe dirá: *"Aqui você tem minha ajuda"*, e em seguida lançará o rolo para que o pegue.

Todos deverão fazer o mesmo, e desta maneira ficarão unidos pela corda ou fio de linha, formando uma rede.

Isso que fizemos simboliza a rede protetora que Deus tece em nossas vidas. Esse é o fio da Providência que todos nós contribuímos quando fazemos o bem aos outros. Através dele Deus vai guardando e cuidando secretamente de nossas vidas, somos transformados pelas mãos de Deus.

Escreva dentro da rede todos os problemas que desapareceriam do mundo se realmente todos nós nos preocupássemos mais uns com os outros, ajudando como gostaríamos de ser ajudados se estivéssemos com algum problema.

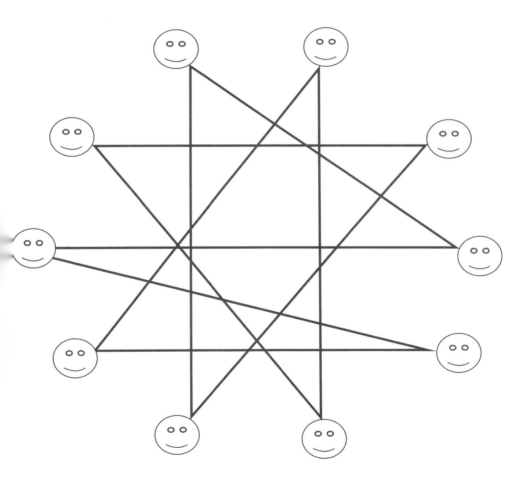

3   Já!

Já é a hora de colocar em PRÁTICA as palavras de Jesus

Jesus, seguido de uma grande multidão, subiu à montanha e se sentou em um prado. Seus discípulos se aproximaram e Ele começou a ensinar-lhes, dizendo:

Ler Mt 6,25-34.
Ler Mt 7,7-12.

- Relacione tudo o que trabalhou em cada uma das atividades desta oficina com as palavras de Jesus que acaba de ler. Trata-se de associar alguma frase ou palavra destes textos de Jesus ao que já viu em cada atividade ou item.

_____

_____

_____

- Destaque três conclusões depois de tudo o que viram nesta oficina.

_____

_____

_____

_____

_____

_____

3.1 Conhecendo o Espírito Santo

Jesus ressuscitado, pela força do Espírito Santo, continua vivo e atuando no meio de nós todos os dias, agora mesmo. Por isso Ele nos diz que não tenhamos medo, aconteça o que acontecer. Ele está sempre conosco (Mt 28,20). Nele sempre poderemos confiar e ficar seguros.

Com esta certeza Ele quer que nos coloquemos a serviço do seu Reino. Por isso quer derramar sobre nós o seu Espírito para que ajudemos a levar adiante a missão de construir o Reino de Deus já aqui na terra, tornando possível a fraternidade, a justiça e a solidariedade entre as pessoas. Para isso, o Espírito Santo nos impulsiona interiormente a nos unirmos uns aos outros; fraternalmente formando a Igreja, a comunidade de pessoas que encontraram em Jesus o caminho para serem felizes de verdade... sendo uma rede protetora uns dos outros.

> "[...] Jesus ressuscitado dos mortos pela glória do Pai, dá imediatamente o Espírito Santo soprando sobre seus discípulos. A partir dessa hora, a missão de Cristo e do Espírito passa a ser a missão da Igreja: Como o Pai me enviou, também eu vos envio" (Jo 20,21; Mt 28,19; Lc 24,47-48; At 1,8).
>
> *Catecismo da Igreja Católica*, n. 730.
>
> "A missão da Igreja não é acrescentada à de Cristo e do Espírito Santo, senão que é o Sacramento dela: por todo o seu ser e em todos os seus membros a Igreja é enviada a anunciar e a dar testemunho, atualizar e difundir o mistério da comunhão da Santíssima Trindade [...]. Nós todos que recebemos o único e mesmo Espírito, a saber, o Espírito Santo, fundimo-nos entre nós e com Deus."
>
> *Catecismo da Igreja Católica*, n. 738.

• Aponte duas ideias principais do item 3.1 que acaba de ler.

_____
_____
_____
_____

• Procure na Bíblia as citações que aparecem nesse item e comente-as.

_____
_____
_____
_____

3.2 O Espírito Santo vem em nossa ajuda: o dom da SIMPLICIDADE

Para que nunca percamos a confiança em Deus, o Espírito Santo vem em nossa ajuda para dar-nos sua força. Devemos ter consciência de que **NÃO ESTAMOS SOZINHOS**, Deus está **SEMPRE** conosco. E um dos sintomas (*ou frutos*) que demonstram que o Espírito Santo está atuando em nós é a **SIMPLICIDADE DE VIDA** que nasce em nós de forma natural e espontânea ao saber que estamos em suas mãos e cuida de nós.

Termômetro da SIMPLICIDADE DE VIDA

Pontue de 1 a 10 em cada uma das questões de acordo com o que você vê de si mesmo (*1 significa que não há nada disso em você e 10 significa que você se identifica totalmente com essa frase e a cumpre perfeitamente*).

◯ A pessoa simples confia sempre e em todo momento em Deus. Põe nas mãos de Deus seus problemas e dificuldades para que Ele lhe dê forças para superá-los.

◯ A pessoa simples não se afunda e nem cai quando tem um problema, por muito grave que seja.

◯ A pessoa simples sabe viver com o necessário, não é consumista. É desprendida e generosa.

◯ A pessoa simples não é ambiciosa nem almeja poderes, porque tem como único bem e riqueza Deus. Ele é a sua segurança, mais que o dinheiro ou qualquer outra coisa.

◯ A pessoa simples não é soberba nem prepotente, porque sabe que sua vida depende de Deus, está em suas mãos.

◯ A pessoa simples está sempre disponível para servir aos outros de forma gratuita.

◯ A pessoa simples não se sente superior nem inferior a ninguém. Trata os outros de igual para igual, sem depreciar ou marginalizar a ninguém.

Depois de ter pontuado, escolha uma ou mais pessoas que mais amam você e o conhecem e peça que lhe pontuem. Não se trata de conseguir muitos pontos, mas sim de *ter consciência de que o Espírito Santo está atuando em você quando se comporta dessa maneira, por pouco que seja, e, se você se deixa guiar por Ele, com o tempo, a SIMPLICIDADE DE VIDA* será algo que lhe caracterizará perante aos demais, porque você não viverá como a maioria, que põe sua confiança e segurança em ter e possuir bens, esquecendo-se dos outros.

3.3 Já é a hora do compromisso

Jesus terminou de falar no prado da montanha. Muita gente se reuniu ao seu redor porque queria falar com Ele, tocá-lo. Você também quer aproximar-se, mas não pode devido a multidão.

Pegue um papel e escreva nele uma das frases ou versículos das citações do início do terceiro item que mais gostou e que gostaria que sempre ficasse gravado em seu coração para que nunca esquecesse. Depois escreva de que maneira vai pôr em prática em sua vida diária essas palavras (*quais três ou quatro coisas você fará ou deixará de fazer para isso*). Assinará com seu nome e fará em seguida um avião de papel.

Imagine que você jogue esse avião para Jesus e Ele o pegue. Não duvide de que, quando ler sua mensagem que colocou, lançará um olhar sobre você, pedirá para as pessoas que se afastem e lhe dirá que se aproxime para dizer-lhe algo muito especial. Escreva aqui o que você imagina que Jesus poderia dizer-lhe depois de ler a sua mensagem.

3.4 Já é o momento de orar juntos

Terminar esta oficina fazendo juntos um momento de oração com Jesus (*orar e falar com nosso amigo Jesus no silêncio de nosso coração*). Ele é o primeiro a ajudar-nos a pôr em prática nosso compromisso de querer ser cristãos de verdade. Não estamos sozinhos... Ele está sempre conosco.

1) Iniciamos a oração fazendo o sinal da cruz.

2) O catequista fará a oração:

> *Vem, Espírito Santo,*
> *E envia do céu um raio de tua luz.*
> *Vem, Pai dos pobres e humildes,*
> *Vem dar-nos tua força e teus dons.*
> *Há tantas sombras de egoísmo neste mundo,*
> *Há tanta injustiça, tanta pobreza,*
> *Tanto sofrimento...*
>
> *Consolador cheio de bondade,*
> *Doce hóspede da alma,*
> *Penetra com tua presença nossos corações.*
> *Habita-nos porque sem ti nada podemos.*
> *Elimina com teu calor nossas friezas.*
> *Acende nossa fraterna solidariedade.*
>
> *Abre-nos os olhos e os ouvidos do coração,*
> *Para saber descobrir teus caminhos em nossas vidas*
> *E poder ser construtores de Vida Nova.*

3) Um catequizando dirá estas palavras de Jesus:

> *"Onde dois ou mais estão reunidos em meu nome, ali estou eu no meio deles".*

4) Dois catequizandos colocarão no centro de onde vocês estão reunidos uma imagem de Jesus e uma vela acesa.

5) Um outro catequizando lerá uma das citações evangélicas do início do terceiro item, aquela que decidirem no grupo.

6) Fazer um minuto de silêncio sentindo-se unidos ao amigo Jesus que lhes falou nas palavras do Evangelho.

7) Quem quiser poderá ler neste momento o que escreveu em seu avião e o que pensa que Jesus lhe diria.

8) Ler todos juntos a oração:

Senhor Jesus, és a luz para meu caminho.
És meu Salvador
Nosso Salvador.
És Aquele de quem tudo espero.

Em ti confio, meu Deus e Senhor.
Tu és a defesa de minha vida...
Quem me fará tremer?
Contigo ao meu lado
Os obstáculos do caminho caem como folhas no outono.

Uma coisa te peço, Senhor, e é o que busco:
Viver unido a ti, ter-te como amigo,
E alegrar-me por ter tua amizade profunda comigo.
No perigo me proteges
E me escondes no fundo do teu coração.
Sinto-me seguro como uma rocha.

Senhor Jesus, escuta-me, pois te chamo.
Tem compaixão de mim.

Responde-me, pois busco o teu rosto.
Meu coração me diz que me queres,
Que estás presente em mim.
Que te preocupas com meus problemas
Como um amigo verdadeiro.

Busco o teu rosto, Senhor; não me escondas teu rosto.
Dá-me a certeza de saber
Que ainda que meu pai e minha mãe me abandonassem,
Tu sempre estarás ao meu lado.
Senhor, ensina-me teu caminho,
Guia-me pela trilha plaina.
Espero gozar sempre de tua companhia.
Quero gozar sempre de tua Vida em minha vida.

Espero em ti, Senhor Jesus.
Dá-me um coração valente e animado para seguir-te.
Tu que és luz para meu caminho
E o salvador em quem eu confio.

9) De mãos dadas, para sentirem-se irmãos, rezar juntos a oração do Pai-nosso e, para terminar, lançar os seus aviões na mesma direção, para Jesus.

OFICINA 5

O segredo
da oração

APRESENTAÇÃO

(Adaptação do livro *Aprender a orar orando*)

O momento em que você sabe que Deus está sempre com você, dentro de você, no mais profundo do seu coração, é quando começa a saber rezar, porque rezar não é outra coisa senão *falar com Deus como se fala com o melhor dos amigos.*

Santa Teresa de Jesus dizia *que orar é chamar de amigo aquele que sabemos que nos ama.* E Santo Inácio de Loyola, que *orar é como quando um amigo fala a outro amigo, e ele fica em silêncio para escutá-lo.*

É fácil falar com alguém que sabemos que gosta da gente, mas com Deus o segredo está em *saber escutá-lo*. Muitos se desanimam e deixam de fazer oração porque dizem que Deus não lhes fala, não responde, não os vê ao seu lado. Porém, o segredo da oração está em que Deus **SIM** fala e responde, mas não com palavras que se ouvem, e sim com palavras silenciosas que produzem efeitos admiráveis e palpáveis em nós... Por exemplo:

- Quando uma pessoa se sente em paz.
- Ou sente alegria interior.
- Ou se sente segura e tranquila apesar das dificuldades.
- Ou se sente forte e confiante.
- Ou tem vontade de fazer coisas boas pelos outros.
- Ou é capaz de desprender-se das coisas para dá-las a outro que necessite.
- Ou é capaz de perdoar de coração.
- Ou não se rende perante os problemas.
- Ou não perde nunca a esperança ainda que tenha motivos para isso.
- Ou nos momentos difíceis não se afunda nem se desespera.
- Ou...

Tudo isso é sinal de que Deus está falando com ele no coração. A oração nada mais é do que termos consciência, percebermos tudo isso e escutar em SILÊNCIO essas palavras de Deus: não ouvimos, mas **sentimos em nosso coração** porque, quando oramos, se enche de PAZ, SERENIDADE, ALEGRIA, CONFIANÇA, SEGURANÇA, SOSSEGO, CALMA, FORTALEZA, ESPERANÇA etc.

1) Você costuma fazer oração? Por quê?
2) Como você faz sua oração?
3) O que é mais difícil na oração, para você?
4) O que você gostaria de saber sobre a oração?
5) Uma vez perguntaram para uma pessoa para que servia rezar e ela respondeu com outra pergunta: Para que serve falar com seu melhor amigo?

Nesta oficina você irá descobrir e aprofundar os segredos da oração. Conhecerá como escutar Deus no profundo de seu coração. *Se quiser aprender a orar como Jesus ensinou aos seus amigos, os discípulos, deixa tudo e vem; espera o sinal: Preparados, prontos... Já!*

1 Preparados...

JOGO
O CAMINHO DA ORAÇÃO

	1	2	3	4	5	6
A						
B						
C						
D						
E						
F						

Dez dicas para o caminho da oração	Dez bombas para a oração
1) Ter vontade de estar com o amigo Jesus. 2) Dedicar a Ele tempo diário. 3) Ficar sozinho e em silêncio. 4) Ficar relaxado. 5) Fazer silêncio interior. 6) Ler um breve texto do Evangelho para começar. 7) Concentrar em Jesus. Pensar nele. 8) Sentir que está diante do seu amigo Jesus. 9) Falar para Jesus com o coração... Como se sente, como se encontra... 10) Escutar com o coração.	1) Acreditar que é uma perda de tempo. 2) Pensar que não serve para nada. 3) Não dedicar-lhe tempo. 4) Não saber ficar sozinho e em silêncio. 5) Distrair-se com mil pensamentos. 6) Ter o coração cheio de coisas, menos de Deus. 7) Não saber fazer silêncio interior. 8) Orar para fugir da realidade e não enfrentar os problemas. 9) Querer que Deus lhe dê tudo o que você pede. 10) Não escutar Jesus, mas escutar somente a si mesmo.

Nos quadradinhos em branco do quadro irão escrevendo as dez dicas para o caminho da oração. Poderão escrevê-las nos quadradinhos que quiserem. Depois farão o mesmo com as dez bombas: escreverão nos distintos quadradinhos do quadro, colocando-os onde quiserem. Nenhum colega deverá ver. Será seu segredo.

Em oito quadradinhos que fiquem em branco escreverá o seguinte: *"Ajuda de Jesus"*. Farão duplas aleatoriamente e farão o jogo entre vocês (*semelhante ao Batalha Naval*).

Primeiro um da dupla terá que tentar descobrir o caminho da oração que tem seu outro colega, ou seja, terá que descobrir onde estão as dez dicas para o caminho da oração. Desenhará numa folha em branco um quadro similar ao do livro para dar as coordenadas e registrar os quadradinhos que disse, e as pistas que encontrar.

Normas do jogo

As coordenadas são indicadas considerando que os números representam as colunas e as letras representam as linhas

1) Diz-se uma coordenada e nesse quadradinho o colega lhe diz que há uma pista para o caminho da oração. Anotará como *pista ganha* e seguirá jogando, porque vai pelo bom caminho.

2) Diz-se uma coordenada e nesse quadradinho há um quadrinho em branco, continuará jogando.

3) Diz-se uma coordenada e neste quadradinho está a palavra *"Ajuda de Jesus"*; será registrada como ajuda de Jesus conseguida. Quanto mais ajudas conseguir, melhor, porque servirão para desativar as bombas que poderão encontrar mais na frente.

4) Diz-se uma coordenada e nesse quadradinho há uma bomba, poderá continuar jogando, mas se no próximo quadradinho for também uma bomba, então explodirá e haverá perdido o caminho da oração. Mas se no outro quadradinho for *Ajuda de Jesus*, a bomba anterior será desativada e poderão continuar jogando. O mesmo acontecerá se o seguinte quadradinho for uma pista para o caminho da oração: a bomba anterior será desativada.

5) Se, enquanto estão jogando, um dos grupos conseguiu acumular, por exemplo, três *Ajudas de Jesus*, mas se se encontrar com três quadradinhos bombas durante o jogo, poderá desativar as três bombas com as três *Ajudas de Jesus* que foram acumuladas.

6) Ganhará o jogo o colega que consiga descobrir as dez pistas para o caminho da oração.

107

Comentários após o jogo

1) Quais são as pistas para o caminho da oração que vocês têm feito ou praticado com mais frequência?
2) Quais são as pistas que vocês mais gostaram?
3) Acrescentem na lista mais duas dicas para o caminho da oração.
4) Quais as bombas que vocês encontraram no momento da oração?
5) Acrescentem na lista mais duas bombas.

2 Prontos...

HISTÓRIA
AQUI ESTÁ JUAN

Aconteceu num pequeno povoado em meio à montanha. Durante um encontro de catequese um pároco ensinou a rezar de memória muitas orações de crianças. Depois de um tempo, percebeu que todas as tardes entrava uma criança na capela e passava muito tempo ali. Ficava até mais de uma hora. O pároco, intrigado e curioso para saber o que faria aquela criança tanto tempo lá dentro, perguntou-lhe num certo dia:

– O que você faz, todas as tardes, tanto tempo na capela?

E a criança respondeu com uma grande simplicidade:

– Venho rezar.

– E como você reza?, perguntou cheio de curiosidade.

E a criança, inocentemente, disse-lhe:

– Eu digo a Jesus: "aqui está Juan". E escuto o que Ele me diz.

– E o que lhe diz?, perguntou ansioso o pároco.

– Diz que me ama, respondeu a criança.

– E você o que diz para Ele?, continuou perguntando.

– Eu digo que o amo.

– E o que mais?, insistiu o pároco.

Então a criança, admirada e olhando nos seus olhos, respondeu-lhe:

– Parece-lhe pouco, padre?

A partir daquele dia o pároco deixou que essa criança fosse ensinar os colegas da catequese a rezarem. Não há dúvida de que havia descoberto a essência da oração.

HISTÓRIA
O MESTRE DA ORAÇÃO

Um jovem pediu a um mestre de oração para que lhe ensinasse todos os seus segredos. O mestre chantageou-o, colocando como condição que fizesse tudo o que ele dissesse sem protestar. E assim o fez. No primeiro dia, o mestre disse-lhe que escolhera uma maneira de chamar a Deus familiarmente. Depois de escolher a forma, mandou-lhe que durante um mês a repetisse cem vezes seguidas durante o dia. Depois de um mês, mandou que repetisse trezentas vezes ao dia. No terceiro mês ordenou-lhe que repetisse seiscentas vezes. E assim ia aumentando a cada mês. O jovem não conseguia suportar mais e protestou. Aquilo parecia não ter fim, e nem ter sentido algum, e reclamando disse-lhe:

– Quando deixarei de repetir tantas vezes o nome de Deus?

O mestre respondeu-lhe:

– Deixará de repetir quando não necessitar mais de pronunciar seu nome para senti-lo presente em sua mente e em seu coração. Quando for Ele quem preencher tudo o que você é e faz cada dia. Alguns, ao dizerem uma, é o suficiente. Outros só conseguem repetindo várias vezes ao dia. E há quem necessite dizer milhares de vezes. A resposta está em você. Uma vez que viva em sua presença, descobrirá que Ele também vive em sua presença, esperando para viver unido a você.

> **Uma vez que viva na presença de Deus, descobrirá que Ele também vive em sua presença, esperando para viver unido a você.**

Ideias para reflexão

O mais importante para descobrir a presença de Deus é a escuta. E para poder escutar tem que criar o silêncio. Mas para fazer silêncio não basta deixar de falar. Podemos não falar, mas ter a mente voando de um lugar ao outro. Para criar silêncio, tem que começar acalmando os barulhos que ensurdecem nosso interior, tem que acalmar as tempestades que vêm de fora e sentir-se dono de si mesmo, apaziguar as preocupações e não deixar que as imagens do pensamento avassalem o nosso espírito.

Esse é o quarto interior onde tem que introduzir-se, para que nele, tendo a porta bem fechada, possa existir um encontro pessoal com Aquele que lá habita. A oração não é outra coisa senão viver, no profundo do coração, esse encontro pessoal com Deus.

Trata-se de eliminar todas as barreiras que impedem de tê-lo constantemente presente, e permitir que sua presença inunde os corações de nosso ser. Se assim ocorrer, logo descobriremos que todos os momentos da vida poderiam tornar-se oração, porque em todos os momentos estaremos na presença um do Outro.

> **A oração não é outra coisa senão viver, no profundo do coração, o encontro pessoal com Deus.**

PARA O DIÁLOGO

1) Qual é a essência da oração? Por quê?

2) Um cristão pode viver sem orar? Por quê?

3) Para você é fácil ou difícil fazer oração?

4) O que você pensa da definição de oração que Santa Teresa de Jesus fez? Com que palavras você definiria a oração?

5) Se tivesse que ensinar alguém a rezar, como faria?

6) De que maneira você sente Deus na oração? Que efeito produz em você?

7) Você sente necessidade de orar ou é algo que passa despercebido?

8) Em que momento ou circunstâncias da vida você faz mais oração? Por quê? Que tipo de oração você faz? Pedido, ação de graças, louvação...?

9) Resuma em uma ou duas frases o que quer dizer o item das "ideias para reflexão".

ATIVIDADE 1

UMA TESTEMUNHA DA FORÇA DA ORAÇÃO

A Madre Teresa de Calcutá foi uma pessoa comprometida em fazer presente o Reino de Deus ao seu redor, ou seja, tornar possível um mundo melhor, mais fraterno e solidário. Movida por Deus, dedicou-se a ajudar aos pobres mais pobres da cidade de Calcutá, na Índia. Foi uma mulher de profunda oração. Graças à oração ela teve a força e a energia para realizar a grande obra que fez a favor das pessoas mais necessitadas e desamparadas. (*Se você e seu grupo não souberem nada sobre ela, ou muito pouco, e querem conhecê-la melhor, peçam orientação ao catequista e pesquisem sobre sua vida.*)

Leia com seus colegas, com atenção, este documento em que Teresa de Calcutá fala sobre o que é para ela a oração; e em seguida cada um escreverá uma carta expressando o que acharam de suas palavras sobre a oração, o que mais lhes chamou a atenção em sua vida, o que ela fez em favor dos outros.

Fruto do silêncio é a oração.
Fruto da oração é a fé.
Fruto da fé é o amor.
Fruto do amor é o serviço.
Fruto do serviço é a paz.

Temos tanta necessidade de orar quanto de respirar.
Sem a oração não podemos fazer nada.

Para mim, na raiz de todos os males que nos aflijam está a falta de oração.
O primeiro requisito para a oração é o silêncio.
As pessoas de oração são pessoas que sabem ficar em silêncio.

Todos os dias, na comunhão, expresso um duplo sentimento a Jesus.
Um de gratuidade, porque me deu força para perseverar até este dia.
O outro é um pedido: "Jesus, ensina-me a orar".

Quanto mais consigamos armazenar em nossas almas através da oração silenciosa,
Mais podemos dar em nossa vida ativa.

Com frequência, um olhar ardente, confiante, profundo, dirigido a Cristo,
Pode transformar-se na mais fervorosa oração.

*A oração é um duplo processo de falar e escutar.
Ele nos fala e nós o escutamos.
Nós lhe falamos e Ele nos escuta.*

*Pode-se rezar enquanto trabalha.
Basta uma pequena elevação da mente até Deus.
A oração não exige que interrompamos nossa tarefa,
Mas podemos realizá-la como se fosse uma oração.
Não é necessário estar constantemente em oração,
Nem que experimentemos a sensação consciente de que estamos falando com Deus.
O que importa é estar com Ele, viver nele, em sua vontade.*

Oh, Jesus! Penetra em meu ser e apropie-se *de tal maneira de mim que minha vida seja irradiação da tua.
Toma conta de mim de tal maneira que cada pessoa que entre em contato possa sentir tua presença em mim.
Que não me vejam, mas, sim, Tu em mim.
Permaneça em mim de modo que eu brilhe com tua luz e que minha luz possa iluminar aos outros.
Que toda a minha Luz venha de ti, oh, Jesus.
Nem sequer o raio mais fraco será meu.
Tu, através de mim, iluminarás aos outros.
Ponha em meus lábios o louvor que mais te agrade,
Iluminando aos outros que me rodeiam.
Que eu não pregue Você com palavras,
Mas com o resplendor visível do amor que de ti vem ao meu coração.
Amém.*

Escreva dentro e fora da lâmpada, em forma de raios de luz, o que mais aprendeu de Teresa de Calcutá (ideias ou palavras).

ATIVIDADE 2

TESTANDO, TESTANDO... DEUS FALANDO

Vamos fazer agora uma pequena experiência de oração para aprender a fazer silêncio interior. Para isso, preparar bem a sala onde você e seus colegas ficarão. As cadeiras formando um semicírculo e na frente, no chão, uma vela grande acesa (*se puder ser o Círio Pascal, melhor*).

Próximo à vela grande colocar uma Bíblia aberta na página da citação de Mt 6,6-13. Ao lado pode-se colocar várias velas menores, acesas.

Apagar as luzes da sala para que somente fique acesa a luz das velas no chão.

Pode-se colocar uma música de instrumental, suave, para favorecer o ambiente de oração e silêncio.

Depois, iniciaremos o momento de oração, que será dirigido pelo catequista. Esse será o guia para a oração. O catequista dirá, pausadamente:

Em nome do Pai, e do Filho e do Espírito Santo.

Iniciamos juntos este momento de oração para nos colocarmos diante de Deus e deixar que sua presença inunde e penetre no mais íntimo de nosso coração. A vela acesa (Círio Pascal), ardendo, mostra-nos que Jesus está aqui presente no meio de nós e em nós.

Façamos neste momento silêncio em nosso coração, acalmemos os ruídos e pensamentos que nos invadem a mente.

Não é fácil fazer silêncio interior... São tantas as coisas que nos distraem. Mas é importante tentar... Convido todos, agora, a fazer um pequeno exercício para iniciar sua oração:

Respire fundo, concentre-se em sua respiração. Imagine que em cada respiração você está se enchendo de ar do Espírito Santo. A presença de Deus vai entrando dentro de você... E vai enchendo você.

Ao mesmo tempo, imagine que cada vez que solta o ar dos seus pulmões está deixando nas mãos de Deus os seus problemas e aflições. Todos os seus pensamentos e preocupações. Está deixando nele tudo o que preocupa e angustia. Vai praticar por vários minutos e verá como a paz e o silêncio abrirão espaço em seu coração. (*Deixar vários minutos para o silêncio.*).

Jesus se retirava para orar constantemente. Necessitava da oração para tornar possível o reino, o mundo novo. Nós seguimos seus passos. Imagine uma das cenas do Evangelho em que Jesus se retira para orar em um lugar tranquilo. Imagine que você vai com Ele para fazer oração. Ele escolheu você para que o acompanhe. Feche os olhos e sinta Jesus presente...

Ele está aqui.

Ao seu lado.

Em você.

Descarregue nele tudo o que está em seu coração: alegrias, esperanças, sonhos, desejos, problemas, incertezas, medos, lutas, trabalhos...

Não fique com nada.

Deixe tudo em suas mãos.

Tudo.

Confia tudo a Ele.

Abandone sua vida nele.

Depois de esvaziar seu coração e sua mente de tudo...

Fique em silêncio,

Na escuta, para perceber a Presença que habita em você... (*Deixar um tempo em silêncio com música ambiente suave.*)

Neste ambiente de paz e silêncio, vamos deixar que ressoem em nós as palavras do Evangelho: (*Um do grupo se levanta, pega a Bíblia do chão e lê o texto de Mt 6,6-13*).

Depois de um breve momento de silêncio, o catequista dirá:

Terminamos este momento de oração partilhando o que cada um viveu e sentiu neste momento, como foi, o que achou, o que Jesus lhe disse.

3 Já!

| **Já é a hora de colocar em PRÁTICA as palavras de Jesus** |

Jesus, seguido de uma grande multidão, subiu à montanha e se sentou em um prado. Seus discípulos se aproximaram e Ele começou a ensinar-lhes, dizendo:

Ler Mt 6,6-8.
Ler Mt 6,9-13.

- Relacione tudo o que trabalhou em cada uma das atividades desta oficina com as palavras de Jesus que acaba de ler. Trata-se de associar alguma frase ou palavra destes textos de Jesus ao que já viu em cada atividade ou item.

  _____
  _____
  _____

- Tire três conclusões depois de tudo o que foi tratado nesta oficina:

  _____
  _____
  _____
  _____
  _____
  _____

- Jesus orava com frequência. Ele necessitava da oração para encontrar a força e a paz para fazer todo o bem que fazia, e para cumprir sua missão de anunciar a Boa Notícia da salvação. Ele necessitava ficar sozinho com Deus Pai, chamado por Ele de *Abba* (Paizinho). Procurem rapidamente as citações no Evangelho e descubram onde Jesus encontrava energia para cumprir a sua missão.

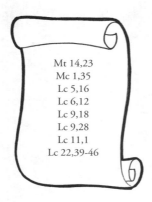

Mt 14,23
Mc 1,35
Lc 5,16
Lc 6,12
Lc 9,18
Lc 9,28
Lc 11,1
Lc 22,39-46

3.1 Conhecendo o Espírito Santo

O Espírito Santo nos impulsiona e desperta para ACREDITAR em Jesus Cristo, CONFIAR nele, e nos unirmos cada vez mais a Ele. Não cremos em Jesus porque o escolhemos, mas porque Ele nos escolheu e ELEGEU primeiro (1Jo 4,7-16). Ao sentirmos queridos incondicionalmente por Ele, respondemos CONFIANDO nele e CRENDO nele.

> "Ninguém pode dizer: Jesus é o Senhor a não ser no Espírito Santo (1Cor 12,3). Deus enviou aos nossos corações o espírito do seu Filho que clama: *Abba*, Pai! (Gl 4,6). Este conhecimento de fé só é possível no Espírito Santo. Para estar em contato com Cristo é preciso primeiro ter sido tocado pelo Espírito Santo. É Ele que nos precede e suscita em nós a fé. Pelo nosso Batismo, primeiro sacramento da fé, a Vida, que tem a sua fonte no Pai e nos é oferecida no Filho, nos é comunicada intimamente e pessoalmente pelo Espírito Santo na Igreja."
>
> *Catecismo da Igreja Católica*, n. 683.

> "O Espírito Santo, pela sua graça, é o primeiro no despertar da nossa fé e na vida nova que é conhecer o Pai e naquele que Ele enviou, Jesus Cristo" (Jo 17,3).
>
> *Catecismo da Igreja Católica*, n. 684.

- Retire duas ideias fundamentais dos textos que acabou de ler:

- Procure na Bíblia as citações que aparecem nestes textos e comente-as.

3.2 O Espírito Santo vem em nossa ajuda: o dom da FÉ

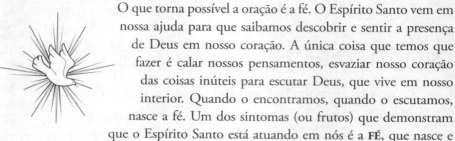

O que torna possível a oração é a fé. O Espírito Santo vem em nossa ajuda para que saibamos descobrir e sentir a presença de Deus em nosso coração. A única coisa que temos que fazer é calar nossos pensamentos, esvaziar nosso coração das coisas inúteis para escutar Deus, que vive em nosso interior. Quando o encontramos, quando o escutamos, nasce a fé. Um dos sintomas (ou frutos) que demonstram que o Espírito Santo está atuando em nós é a **FÉ**, que nasce e cresce apesar das dificuldades, e também a confiança e o amor que temos em Deus.

Medidor da FÉ

Pontue de 1 a 10 em cada uma das questões de acordo com o que você vê de si mesmo (*1 significa que não há nada disso em você e 10 significa que você se identifica totalmente com essa frase e a cumpre perfeitamente*).

☐ Tem vontade de fazer oração.

☐ Gosta de falar com Deus como um amigo.

☐ Procura comportar-se em todo o momento e circunstância como um autêntico cristão, tentando descobrir o que Deus gostaria que fizesse em cada situação.

☐ Sente que Deus está e vive com você, amando você incondicional e gratuitamente.

☐ Ama a Deus sobre todas as coisas. Considera-o como o melhor de seus amigos.

☐ Ama e trata os outros como você gostaria de ser tratado e querido.

Não se trata de conseguir muitos pontos, mas sim de *ter consciência de que o Espírito Santo está atuando em você quando se comporta dessa maneira*, por pouco que seja, e, se você se deixar guiar por Ele, com o tempo, a *fé, a confiança em Deus*, será algo que lhe caracterizará perante aos demais, porque a oração será sua maneira natural de relacionar-se com os outros e com Deus, que habita dentro de você.

3.3 Já é a hora do compromisso

Jesus terminou de falar no prado da montanha. Muita gente se reuniu ao seu redor porque queria falar com Ele, tocá-lo. Você também quer aproximar-se, mas não pode devido a multidão.

Pegue um papel e escreva nele uma das frases ou versículos das citações do início do terceiro item que mais gostou e que gostaria que sempre ficasse gravado em seu coração para que nunca esquecesse. Depois escreva de que maneira vai pôr em prática, em sua vida diária, essas palavras (*quais três ou quatro coisas você fará ou deixará de fazer para isso*). Assinará com seu nome e fará em seguida um avião de papel.

Imagine que você jogue esse avião para Jesus e Ele o pegue. Não duvide de que, quando ler a sua mensagem, lançará um olhar sobre você, pedirá para as pessoas que se afastem e lhe dirá que se aproxime para dizer-lhe algo muito especial. Escreva aqui o que você imagina que Jesus poderia dizer-lhe depois de ler a sua mensagem.

3.4 Já é o momento de orar juntos

Terminar esta oficina fazendo um momento de oração com Jesus (*orar e falar com nosso amigo Jesus no silêncio de nosso coração*). Ele é o primeiro a ajudar-nos a pôr em prática nosso compromisso de querer ser cristãos de verdade. Não estamos sozinhos... Ele está sempre conosco.

Como já rezaram juntos na atividade 2 desta oficina, propõe-se que à noite, ou quando tiver um tempo de tranquilidade, coloque em prática as palavras de Jesus: " Quando rezar, entre em seu quarto, feche a porta e reze a seu Pai, que está presente em segredo..."

Faça um momento de oração, sozinho, dando graças a Jesus por tudo de bom que Ele fez em sua vida. Escreva em uma folha sua oração.

Se ajudar na oração de ação de graças apresentada na sequência, pode acrescentar mais coisas a cada estrofe, dizendo ou desenvolvendo com mais detalhes o que é indicado em cada uma, para que expresse tudo o que você quer dar graças a Jesus.

Graças quero dar-te

Graças e louvores
quero dar-te,
meu Senhor.
Com meu viver.
com meu agir,
com meu caminhar,
com meu ser...

Graças e louvores
quero dar-te,
meu Senhor.
Tudo em mim
quer falar de ti,
ser sinal
de teu Reino,
do fogo abrasador do
teu Espírito.

Graças e louvores
quero dar-te,
meu Senhor.
Por tantas coisas boas
que me rodeiam:
pelas palavras sinceras,
pelas pessoas simples,
pelos corações abertos,
pelas mãos estendidas.

Graças e louvores
quero dar-te,
meu Senhor.
Por poder saborear a cada dia
da formosura de tua criação.

Graças e louvores
quero dar-te,
meu Senhor.
Pela esperança que infundes
em minha vida,
pela confiança que inspiras,
pela paz que comunicas,
pela amizade que é um presente,
pela fé que confirmas.

Graças e louvores
quero dar-te,
meu Senhor.

OFICINA 6

Contra a
maré

APRESENTAÇÃO

Observe com atenção esta imagem. O que quer dizer?

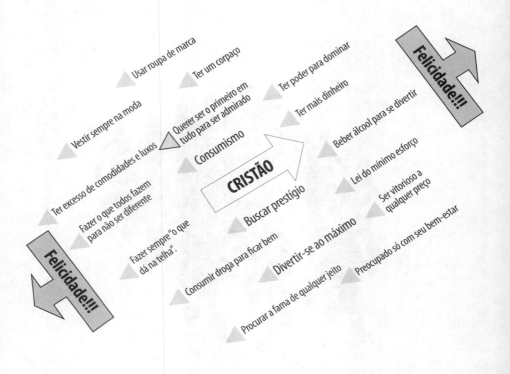

> São muitas as pessoas que nesta sociedade buscam a felicidade caminhando em uma direção... Mas são poucas as que vão contra a corrente, vivendo de forma diferente, porque encontraram a verdadeira felicidade no estilo de vida que o Evangelho de Jesus propõe.

Escrevam em papéis soltos o conteúdo de cada uma das flechas e coloquem em uma sacola, que o catequista fornecerá. Formem duplas e estabeleçam um tempo de participação. O catequista irá sortear a primeira dupla. Ela deverá fazer uma encenação daquilo que está indicado, e os outros deverão adivinhar o que querem dizer. Terão um minuto de tempo. Se ninguém adivinhar, o papel deverá ser devolvido à sacola, a fim de que seja sorteado novamente para outra dupla.

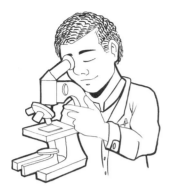

Depois de terem adivinhado o que foi encenado, juntos poderão dar exemplos tirados da televisão (*anúncios, publicidade, programas, novelas, personagens da TV*), ou de algum filme ou notícia de jornal onde apareçam personagens que se comportem assim, ou incentivam a se comportar dessa maneira, tendo esse tipo de atitude, comportamento ou formas de ser, imagens ou histórias sobre esse tipo de vida. *Trata-se de pesquisar tudo isso nos meios de comunicação, e, se quiserem, na vida social que os rodeia.*

Mesmo que não pareça, de muitas maneiras e em muitos lugares na sociedade, nos bombardeiam de mensagens que convidam a viver de um determinado modo para que sejamos felizes (*a publicidade que nos quer tornar consumistas para sermos felizes ou os diversos estilos de vida que nos propõem nos filmes ou na televisão etc.*).

Mas é uma felicidade vazia e enganosa que nunca nos deixa satisfeitos, porque é egoísta e nos faz ficar concentrados em nós mesmos, esquecendo as necessidades dos que estão ao nosso lado, o que afinal acaba provocando infelicidade e sofrimento.

Nesta oficina você vai descobrir que Jesus vem prevenir-nos dos falsos caminhos que conduzem à felicidade enganosa. Jesus nos convida a sermos valentes e caminhar contra a corrente com a força de seu Espírito. É muito fácil deixar-se levar pelo que faz a maioria. E em muitos momentos de nossa vida podemos descobrir em nós comportamentos e atitudes que seguem as flechas que esta sociedade propõe.
Se quiserem ficar atentos e preparados para não caírem nos caminhos que impedem a felicidade verdadeira, deixem-se guiar pela força do Espírito de Jesus, deixa tudo e vem; espera o sinal de saída: preparados, prontos... Já!

125

1 Preparados...

JOGO
A VIDA EM CENA

Formar três grupos, e cada grupo pensará e preparará uma pequena apresentação de teatro ou encenação. Para essa peça poderão escolher um dos seguintes temas:

- Representar alguém que vai contra a corrente (*que ambiente o rodeia, o que lhe propõem, ao que lhe convidam, o que dizem, como se comporta, por que o faz etc.*).
- Representar as consequências negativas para a pessoa que tem obsessão em seguir algumas das flechas que aparecem na apresentação da oficina, e representar também as consequências negativas que provocam nas pessoas ao seu redor, com quem convive, compartilhando ou comportando-se dessa maneira.

Sejam originais e criativos na encenação. Tentem surpreender. Produzam tudo o que for necessário para a sua representação (*objetos, vestuário etc.*). As apresentações deverão durar no máximo oito minutos.

Comentários depois da dinâmica

1) Quais são as flechas que aparecem no primeiro item da apresentação? Quais são as mais negativas, segundo sua opinião? Por quê?
2) Quais flechas contagiam você em alguns momentos?
3) É fácil ou difícil ir contra a maré?
4) Quais outras flechas você acrescentaria?

2   Prontos...

HISTÓRIA
A ENTREVISTA DE TRABALHO

Uma importante empresa de telecomunicações necessitava contratar um perito em códigos de comunicação, que dominasse o assunto com perfeição, desde os mais antigos como o Código Morse, até as linguagens mais modernas da informática.

Colocou um anúncio na imprensa e em sua página na internet. Todos os que estivessem interessados nesta vaga teriam que comparecer às nove da manhã do dia seguinte em um dos novos escritórios que a empresa tinha na cidade.

Sessenta pessoas foram para essa entrevista. Todas as pessoas foram acomodadas em uma grande sala de espera em que havia televisão, internet e minibar. Disseram a elas que, quando fossem chamadas para a entrevista de trabalho, teriam que entrar pela porta estreita que estava no fundo da sala.

O tempo foi passando, mas não chamavam ninguém. Somente se ouviam uns pequenos e distantes golpes de martelo vindos de uma sala que deveria estar em obras e que não parava de soar assim: *tic, toc, tic, tic, toc, tic, toc, toc, tic...*

Já eram dez da manhã e tudo continuava igual. Os sessenta candidatos passavam o tempo assim: uns vendo televisão, outros conectados na internet, outros escutando música com seus fones de ouvido, outros consultando sua agenda eletrônica ou jogando no celular, outros desfrutando das bebidas do minibar. Enquanto isso, distante se ouvia um constante martelar: *tic, toc, tic, tic, tic, tic, toc, toc, tic, tic, toc, toc, tic...*

Às dez e meia chegou um novo candidato que também queria fazer a entrevista de trabalho. Era um jovem que acabava de informar-se nesse mesmo dia da oferta de trabalho, e havia ido imediatamente.

Ele entrou na sala onde estavam os sessenta candidatos esperando. Sentou-se em um dos confortáveis sofás e escutou longe o som martelando: *tic, toc, tic, tic, tic, tic, toc, toc...*

Levantou-se na mesma hora, foi até a porta estreita, abriu e entrou, para a surpresa dos outros.

Depois de cinco minutos saiu uma secretária para dizer a todos os que estavam na sala que já podiam ir embora, porque já haviam encontrado a pessoa que necessitavam para ocupar aquela vaga de trabalho.

O jovem que havia chegado por último foi o único que escutou a mensagem que o Código Morse dizia nos contínuos ritmos golpes do martelo: *tic, toc, tic, toc, tic, tic, tic, toc, toc, tic...*

Que queria dizer: Levante-se, abra a porta estreita e entre.

PARA O DIÁLOGO

1) Quem a empresa de telecomunicações precisava contratar?

2) Quantas pessoas foram para a entrevista de trabalho? Como era a sala de espera?

3) Por que ninguém, exceto o último que chegou, escutou a mensagem que foi transmitida através das batidas do martelo?

4) Por que você acha que o último escutou a mensagem? O que o diferenciava dos outros?

5) Imagine que a empresa de telecomunicações é a empresa da Felicidade, e os que saem em busca de trabalho nesse dia, o que buscam é a felicidade. As batidas do martelo do Código Morse é a voz de Deus que fala em nosso interior através da Palavra de Deus, escrita ou explicada. O que nos impede de encontrar a felicidade verdadeira? O que há em nossa sociedade, como a grande sala de espera, que nos distrai, deixa tonto, confunde ou impede nossa busca da felicidade?

6) Quais qualidades, atitudes ou características deve identificar uma pessoa que não se deixa levar pelo que faz a maioria?

7) Qual é a mensagem que essa história transmite para você? Qual o ensinamento que ela traz? Qual o conselho para alcançar a felicidade?

8) Resuma em uma breve frase o que você respondeu na questão 7, e traduza para o Código Morse; depois com golpes rápidos (para os pontos) ou lentos (para os traços), transmitirá sua mensagem para quem for capaz de decifrar. Nesta tabela tem como traduzir cada letra em código morse.

A	• —
B	— • • •
C	— • — •
CH	— — — —
D	— • •
E	•
F	• • — •
G	— — •
H	• • • •
I	• •
J	• — — —
K	— • —
L	• — • •
M	— —
N	— •
O	— — —
P	• — — •
Q	— — • —
R	• — •
S	• • •
T	—
U	• • —
V	• • • —
W	• — —
X	— • • —
Y	— • — —
Z	— — • •

ATIVIDADE 1

CONSTRUINDO A MINHA IDENTIDADE
O CAMINHO DA ASSERTIVIDADE

Ir contra a corrente supõe ter muito claro o que a pessoa é e o que quer fazer de sua vida. Ter claro o que ela quer alcançar, aonde quer chegar como pessoa, como cristão. Assim, deverá ter claro o que deve evitar fazer para não travar ou impedir o que almeja. Pelo contrário, a pessoa irá sem rumo pela vida e dependerá em cada momento do que os outros fazem ou dizem. Será uma pessoa volúvel.

Escreva nas colunas abaixo o que se indica:

Faça uma lista das coisas que você gostaria de conseguir em sua vida, o que gostaria que lhe caracterizasse como pessoa, como gostaria de ser, quais coisas concretas você gostaria de conseguir com suas capacidades...(*lembre-se do que viu na oficina 1*); como gostaria de ser como cristão...	Faça uma lista de coisas perigosas em que você não deveria cair, a fim de que possa conseguir o que você escreveu na coluna anterior:

Conhecer-se a si mesmo, saber quem somos, o que aspiramos, o que queremos ser, dará maior segurança e fortaleza para irmos contra a corrente, quando a maioria que vive ao nosso redor faz coisas que não gostamos, ou colocam em risco o que aspiramos.

Existem pessoas que, para ficar bem diante dos outros, para não destoar ou por não saberem dizer NÃO, para não ser "do contra", para não discutir ou parecer esquisito ou tolo... fazem coisas que não gostam ou sabem que são negativas para elas ou para os outros... deixam-se levar pelo grupo: fumar, beber álcool, drogar-se, comportar-se mal, não respeitar, não estudar, fazer algazarras, não ir ao colégio, agredir aos outros, vestir-se de um determinado modo para ser aceito etc.

É preciso aprender a dizer NÃO quando nos sentimos pressionados pelos outros para fazer coisas que não gostamos. Dizer NÃO claramente, demonstrando as razões, pois está em jogo deixar de sermos nós mesmos. Serão nossos amigos de verdade os que aceitem e respeitem nossas decisões pessoais.

> Às vezes, a pressão do grupo de amigos ou das pessoas que nos rodeiam pode ser muito forte ou muito insistente.
> - Você já se sentiu pressionado alguma vez?
> - Em alguns momentos se sente pressionado pelo grupo de amigos ou colegas para ser de um determinado jeito, para atuar ou comportar-se de uma determinada forma? Como você reage?

Temos que aprender a ser assertivos

A assertividade é a capacidade de reconhecer os direitos e sentimentos próprios e expressá-los, respeitando os direitos dos outros.

A assertividade requer que saibamos o que queremos e o que sentimos frente a determinadas situações, e assim ter coragem de se expressar de forma educada, porém firme.

As pessoas assertivas sentem-se seguras e confiantes de si mesmas, pois não atuam para agradar ou defender-se dos outros. A assertividade é o que está entre a "passividade" (*adaptar-se ao que os outros querem ou fazem sem considerar o que eu quero*) e a "agressividade" (*impor-me sem considerar as necessidades ou direitos dos outros*).

Lembre-se de que você tem desses direitos:
- Direito de se comportar como acha melhor, sempre e quando respeitar o direito dos outros.
- Direito de expressar livremente seus sentimentos e opiniões.
- Direito de rejeitar pedidos dos outros, sem se sentir culpado ou egoísta.

Diante de situações em que podemos nos sentir pressionados pelo grupo ou por alguém, é possível responder de várias maneiras. Dentre elas temos as seguintes:

Respostas	Passiva	Assertiva
Atitude	Evita-se o confronto ignorando a situação difícil ou deixando que o outro ganhe, aceita sem resistência ou objeção, embora não esteja de acordo.	Dizer aberta e honestamente o que pensa e sente. Isso funciona quando se tem claro seus direitos e os expressa de maneira honesta e responsável.
Conduta verbal	Frases indiretas obscuras (*talvez, não sei, não tenho certeza*).	Frases na primeira pessoa (*penso, sinto, gostaria...*).
Conduta não verbal	Voz baixa, sem olhar diretamente nos olhos, cabeça baixa.	Voz firme e clara, olhar nos olhos, postura corporal firme, mas tranquila.
Vantagens	Para si mesmo nenhuma, porque estamos à mercê dos outros.	Enfrentam-se os conflitos. Defesa de nossos direitos. Satisfação pessoal. Aumenta a autoestima. Aceitação e respeito pelos outros.
Desvantagens	Sentimentos de frustração e inferioridade. Não defendemos os nossos direitos. Os outros se aproveitam.	Não há desvantagens.

Como ser mais assertivo?

Deixar que sua posição seja conhecida, dizer o que pensa. Dizer ao outro o que sente acerca de algo e dar sua resposta em relação a fazer algo. (*Por exemplo: não, não vou cabular às aulas. Não, não vou entrar ali... Não, não vou tomar isso. Não, não vou seguir nessa brincadeira.*)

Deixar que as razões sejam conhecidas. Diga ao outro as razões de sua posição. (*Por exemplo: não acho correto. Parece perigoso. Não acho bom.*)

Ser compreensivo. Dar a entender à outra pessoa que, ainda que não esteja de acordo, aceita que tenha uma opinião diferente da sua. (*Por exemplo: essa é a sua opinião, mas eu... Está bem, faça você, mas eu... compreendo, mas em meu caso...*)

Utilizar um tom de voz adequado. Fale com um tom de voz firme e confiante. Não sussurre.

Manter contato visual com a pessoa. Olhar diretamente aos olhos. Não olhar para os lados ou para o chão.

Assegure que sua expressão facial esteja de acordo com o que suas palavras dizem. (*Por exemplo, não sorria quando está dizendo a alguém que está chateado.*)

Depois de ter lido com atenção o que é a assertividade, faça duplas e ensaie situações para exercitá-la. Um da dupla proporá ao outro que faça uma ação negativa, e ele deverá responder de forma assertiva, negando-se a fazer o que foi proposto.

Em seguida troquem os pares, mas o que tem que responder fará de forma passiva, para ver assim o contraste do que não se deve fazer. Cada dupla fará este exercício diante de todos para que possam opinar e corrigirem-se no grupo, juntos.

Segundo tudo o que viu, você se considera uma pessoa assertiva?
Em quais situações você se considera bem, e em quais deveria melhorar?
O que você propõe, concretamente, para ser mais assertivo a partir de agora?

ATIVIDADE 2

NÃO SE DEIXE APRISIONAR

Nesta atividade vamos ver um exemplo concreto de como ir contra a maré, e de quão importante é ser assertivo diante das drogas, e saber dizer NÃO.

Infelizmente, atualmente muita gente faz uso de drogas como a maconha, a cocaína, o êxtase ou drogas em forma de comprimidos com diversos nomes etc. Tudo isso com a finalidade de fazer a pessoa se sentir bem, divertir-se. Também com a mesma finalidade bebem álcool em excesso, com o grave perigo de se tornarem adictos.

Em determinados ambientes de lazer esses comportamentos são muito comuns, mas seus efeitos para a saúde física e mental são destrutivos. A pessoa, sem se dar conta, irá perdendo a liberdade e se tornará dependente. Não poderá viver sem consumi-la. Deixará de ser ela mesma. Perderá o controle de sua vida e sua saúde se deteriorará.

As drogas provocam graves doenças físicas e mentais. Se tiverem tempo e oportunidade, poderão pesquisar sobre os efeitos das drogas no organismo humano e expor aos colegas do grupo.

Leia com atenção o seguinte texto:

Dez coisas que é melhor fazer sem drogas

1) Ficar bem

Se você usa droga para dar risada, o mais provável é que os outros riam de você, já que não agirá naturalmente. Para ficar bem, o melhor é ser você mesmo, agir de acordo com o seu jeito de ser, de modo natural e com respeito.

2) Solucionar um problema

As dificuldades somente se solucionam enfrentando-as. Se usar drogas como um meio para solucionar um problema, estará criando outro.

3) Relacionar-se melhor com as pessoas

A simpatia ou as habilidades sociais não se adquirem através do uso de drogas. Para relacionar-se com as pessoas é melhor aprender e desenvolver condutas adaptadas socialmente.

4) Fugir da realidade

Existem momentos em que a realidade em que temos que viver é muito dura, e momentaneamente precisamos fugir. É melhor praticar um esporte, um *hobby* ou algo de que gostemos; mas não fugir para as drogas, pois corremos o risco de não regressar para a verdadeira realidade em que vivemos.

5) Conhecer novas sensações

O homem sempre busca algo novo. É algo nato. As drogas nos ensinam "coisas", mas o preço que temos que pagar por elas é demasiado alto. É melhor recorrer à leitura, à imaginação, ao desenvolvimento da amizade e relações interpessoais, ao conhecimento de si mesmo etc.

6) Estar na moda

Sinceramente, existem modas que o melhor é não seguir. Simples assim. Você deve ser o dono de sua própria moda, sem deixar-se pressionar por ninguém quanto ao que deve ou não fazer. Que você não seja enganado, porque alguém disse que isso ou aquilo é a última moda. Todas as drogas são muito antigas.

7) Obter melhores resultados acadêmicos ou esportivos

Talvez no início os resultados melhorem, mas a curto prazo observará que a queda é maior. Além disso, está enganando aos outros, perdendo a credibilidade e a confiança em si mesmo. É melhor um bom esforço do que um êxito não merecido.

8) Ter êxito com as/os garotas/os

Isso é algo que todos desejam, mas se alguém disse que com as drogas poderá "atrair" mais, terá lhe enganado. Poderá estar mais falante ou mais risonho, mas são momentos que duram pouco tempo. É melhor ser falador, jovial, extrovertido por natureza, ou aprender a ser a partir de habilidades sociais.

9) Integrar-se no grupo de amigos(as)

Se para fazer parte de um grupo necessita tomar alguma droga, é melhor trocar de amigos. Aqueles, na verdade, não eram amigos, já que não toleravam, não permitiam que você se comportasse segundo seus próprios critérios.

10) Desfrutar da vida

Todos nós gostamos de desfrutar, rir, passar bem. A questão está em como fazemos isso. O uso de drogas altera nosso comportamento, o sentido da vida e modifica todas as nossas relações sociais e familiares. Desse modo dificilmente se pode desfrutar. É melhor aproveitar e desenvolver ao máximo as possibilidades que cada um tem: sua personalidade, seus amigos, suas qualidades, sua família.

1) Qual a sua opinião sobre essas 10 colocações? Você concorda? Por quê?

_____

_____

_____

2) Qual frase você destacaria como muito importante? Por quê?

_____

_____

_____

3) Cite três coisas propostas que você gostou ou fizeram você pensar.

_____

_____

_____

4) Formem grupos de três e pensem em fazer uma campanha publicitária para evitar que pessoas da idade de vocês caiam no caminho das drogas, não sabendo dizer NÃO. Façam um cartaz com um desenho e um *slogan*, e depois pendurem nas paredes e corredores.

3 Já!

> ## Já é a hora de colocar em PRÁTICA as palavras de Jesus
>
> *Jesus, seguido de uma grande multidão, subiu à montanha e se sentou em um prado. Seus discípulos se aproximaram e Ele começou a ensinar-lhes, dizendo:*
>
> Ler Mt 7,13-20.
> Ler Mt 7,24-27.

- Relacione tudo o que trabalhou em cada uma das atividades desta oficina com as palavras de Jesus que acaba de ler. Trata-se de associar alguma frase ou palavra destes textos de Jesus ao que já viu em cada atividade ou item.

  _____
  _____
  _____

- Tire três conclusões depois de tudo o que foi tratado nesta oficina.

  _____
  _____
  _____
  _____
  _____
  _____

3.1 Conhecendo o Espírito Santo

O Espírito Santo dá vida, fortaleza, e guia a missão da Igreja. Nós Igreja somos no mundo o Corpo de Cristo e o Templo do Espírito Santo; e nós os cristãos, os amigos de Jesus, somos Templo do Espírito Santo, e mostramos ao mundo, com nossas obras, palavras e estilo de vida comprometido, o rosto de Jesus aos outros.

Somos encarregados a levar adiante sua missão de tornar visível e palpável o Reino de Deus. Por isso nós, Igreja, a comunidade de cristãos, encontramos em Jesus a maneira autêntica de sermos felizes, vamos "contra a corrente"... porque o mundo de hoje (como o de ontem) propõe caminhos de felicidade contrários e opostos, que, no final, acabam provocando muito sofrimento e injustiça.

O mundo em que vivemos tão consumista, tão materialista, tão individualista, tão egoísta e não solidário, onde se estimula o ter e o possuir, o desfrutar de luxos, diversões e comodidades... Esse estilo de vida causa: pobreza, fome, miséria, marginalização e violência. Por causa disso, cada dia morrem de fome e de pobreza milhares de pessoas inocentes... Por esta razão, este mundo se choca com o estilo de vida que a Igreja vive e propõe para alcançar a felicidade verdadeira.

Por isso, a Igreja caminha contra a maré, e, muitas vezes, entra em conflito com este mundo consumista, materialista e individualista ao dizer o que ela pensa e crê, denunciando as injustiças que existem e defendendo as pessoas que são pisoteadas, ou têm seus direitos mais fundamentais negados (à vida, a viver com dignidade, ao alimento, a ter um lar, a ter cuidados médicos, a ter trabalho, à liberdade etc.). O Espírito Santo dá força e energia para a Igreja, para os cristãos, para que possam ir contra a corrente e levar avante sua missão.

"Terminada a obra que o Pai havia confiado ao Filho para realizar na terra, foi enviado o Espírito Santo no dia de Pentecostes para santificar a Igreja permanentemente. Foi então que a Igreja se manifestou publicamente diante da multidão e começou a difusão do Evangelho com a pregação. Por ser convocação de todos os homens para a salvação, a Igreja é, pela sua própria natureza, missionária enviada por Cristo a todas as nações para fazer deles discípulos."

Catecismo da Igreja Católica, n. 767.

> "Para realizar a sua missão, o Espírito Santo dota e dirige a Igreja mediante os diversos dons hierárquicos e carismáticos. Por isso a Igreja, enriquecida com os dons de seu Fundador e observando fielmente seus preceitos de caridade, humildade e abnegação, recebeu a missão de anunciar o Reino de Cristo e de Deus, e de estabelecê-lo em todos os povos; deste Reino ela constitui na terra o germe e o início."
>
> *Catecismo da Igreja Católica*, n. 768.

- Retirar duas ideias fundamentais desse item 3.1 que acabaram de ler.
  _____
  _____
  _____
  _____

- Procurar no Evangelho as citações que demonstrem Jesus indo contra a maré.
  _____
  _____

3.2 O Espírito Santo vem em nossa ajuda: o dom do DOMÍNIO DE SI MESMO

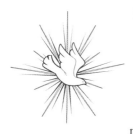

Para que não deixemos nos levar pelo que faz a maioria das pessoas, e saibamos ir contra a maré, sem desviarmos do caminho que Deus nos chama para sermos felizes de verdade, o Espírito Santo vem em nossa ajuda para dar-nos a sua força para seguirmos adiante. E um dos sintomas que demonstram que o Espírito Santo está atuando em nós é o **DOMÍNIO** que temos de nós mesmos, porque não nos deixamos levar pela vida de comodidades, pela lei do menor esforço.

Termômetro do DOMÍNIO DE SI

Pontue de 1 a 10 em cada uma das questões de acordo com o que você vê de si mesmo (*1 significa que não há nada disso em você e 10 significa que você se identifica totalmente com essa frase e a cumpre perfeitamente*).

- ☐ Sei dizer NÃO com energia quando os outros propõem fazer algo que não gosto.
- ☐ Sou responsável em meus estudos e tarefas.
- ☐ Como tenho clareza de quem sou e o que gostaria de alcançar na vida, sei negar tudo aquilo que me colocaria em perigo. (*Os sacrifícios e as renúncias não são difíceis se temos clareza de nossas metas*).
- ☐ Como tenho clareza de quem sou e o que gostaria de alcançar na vida, esforço-me em fazer cada dia para ser fiel a mim mesmo, e trabalhar responsavelmente para tornar possível minhas aspirações.
- ☐ Sou exigente comigo mesmo porque quero dar o melhor de mim. Preguiça não faz parte de minha vida.
- ☐ Não me importo de parecer estranho quando não me deixo levar pelo que faz a maioria para divertir-se, para ser feliz etc.
- ☐ Sou uma pessoa assertiva.

Depois de ter pontuado, escolha uma ou mais pessoas que mais amam você e o conhecem e peça que lhe pontuem. Não se trata de conseguir muitos pontos, mas sim de *ter consciência de que o Espírito Santo está atuando em você quando se comporta dessa maneira*, por pouco que seja, se você se deixa guiar por Ele, com o tempo o **DOMÍNIO SOBRE SI MESMO** permitirá que você chegue a ser a pessoa que é chamada a ser, uma pessoa feliz que desenvolveu ao máximo as capacidades e possibilidades que Deus colocou em seu interior.

3.3 Já é a hora do compromisso

Jesus terminou de falar no prado da montanha. Muita gente se reuniu ao lado dele porque queria falar com Ele, tocá-lo. Você também quer aproximar-se, mas não pode devido a multidão.

Pegue um papel, escreva nele uma das frases ou versículos das citações do início do terceiro item que mais você gostou, e que gostaria que sempre ficasse gravado em seu coração, para que nunca o esquecesse. Depois escreva de que maneira vai pôr em prática em sua vida diária essas palavras (*quais três ou quatro coisas você fará ou deixará de fazer para isso*). Assinará com seu nome e fará em seguida um avião de papel.

Imagine que você jogue esse avião para Jesus e Ele o pegue. Não duvide de que, quando ler a sua mensagem, lançará um olhar sobre você, pedirá para as pessoas que se afastem e lhe dirá que se aproxime para dizer-lhe algo muito especial. Escreva aqui o que você imagina que Jesus poderia dizer-lhe depois de ler a sua mensagem.

3.4 Já é o momento de orar juntos

Terminar esta oficina fazendo juntos um momento de oração com Jesus (*orar é falar com nosso amigo Jesus a partir do silêncio do nosso coração*). Ele é o primeiro a ajudar-nos a pôr em prática nosso compromisso de querer ser cristãos de verdade. Não estamos sozinhos... Ele está sempre conosco.

1) Iniciamos a oração fazendo o sinal da cruz.

2) O catequista fará a oração:

> *Vem, Espírito Santo,*
> *E envia do céu um raio de tua luz.*
> *Vem, Pai dos pobres e humildes,*
> *Vem dar-nos tua força e teus dons.*
> *Há tantas sombras de egoísmo neste mundo,*
> *Há tanta injustiça, tanta pobreza, tanto sofrimento...*
>
> *Consolador cheio de bondade,*
> *Doce hóspede da alma,*
> *Penetra com tua presença nossos corações.*
> *Habita-nos porque sem ti nada podemos.*
> *Elimina com teu calor nossas friezas*
> *Acende nossa fraterna solidariedade.*
>
> *Abre-nos os olhos e os ouvidos do coração,*
> *Para saber descobrir teus caminhos em nossas vidas*
> *E poder ser construtores de Vida Nova.*

3) Um catequizando dirá estas palavras de Jesus:

> *"Onde dois ou mais estão reunidos em meu nome,*
> *Ali estou eu no meio deles".*

4) Dois catequizandos colocarão, no centro de onde estão reunidos, uma imagem de Jesus e uma vela acesa.

5) Um outro catequizando lerá Mt 5,13-16.

6) Fazer um minuto de silêncio sentindo-se unidos ao amigo Jesus, que lhes falou nas palavras do Evangelho.

7) Quem quiser poderá ler, neste momento, o que escreveu em seu avião e o que pensa que Jesus lhe diria.

8) Ler todos juntos a oração:

> *Porque estamos dispostos a viver como irmãos de todos, dizemos:* **Pai.**
> *Porque estamos dispostos a partilhar com as pessoas, dizemos:* **Nosso.**
> *Porque cremos que além da matéria existe o Deus criador da terra, dizemos:* **Que estais no céu.**
> *Porque queremos comunicar-nos com Deus e celebrá-lo, dizemos:* **Santificado seja o vosso nome.**
> *Porque queremos trabalhar por uma humanidade nova, fraterna e solidária, dizemos:* **venha a nós o vosso reino.**
> *Porque queremos o que Deus quer, dizemos:* **Seja feita a vossa vontade.**
> *Porque somos sensíveis e preocupados com as pessoas que passam fome, dizemos:* **O pão nosso de cada dia nos dai hoje.**
> *Porque estamos dispostos também a perdoar, dizemos:* **Perdoai as nossas ofensas.**
> *Porque não queremos pecar pelo egoísmo e falta de solidariedade, dizemos:* **Não nos deixeis cair em tentação.**
> *Porque estamos dispostos a lutar contra o mal, dizemos:* **Livrai-nos do mal.**
> *Porque levamos a sério tudo o que foi dito até agora, dizemos:* **Amém.**

9) De mãos dadas, para sentirem-se irmãos, rezar juntos a oração do Pai-nosso e, para terminar, lançar todos os seus aviões na mesma direção, para Jesus.

OFICINA 7

Um novo jeito de viver

APRESENTAÇÃO

Jesus vive um estilo de vida que provoca felicidade ao seu redor. Comporta-se de uma forma que as pessoas que se encontram com Ele recuperam algo que tinham perdido: a alegria, a paz, a esperança, a saúde, a felicidade, a dignidade...

Formem duplas e procurem no Evangelho as pessoas que recuperaram a felicidade ou a alegria, ou a paz... quando se encontraram com Jesus. Depois, colocarão o nome de um personagem do Evangelho dentro da cabeça de uma das figuras abaixo. Em seguida escrevam dentro do corpo da figura, resumidamente, em forma de dica, o que Jesus fez com ele ou ela, e o que ele ou ela encontraram em Jesus. E assim continuarão até completarem as 10 figuras abaixo.

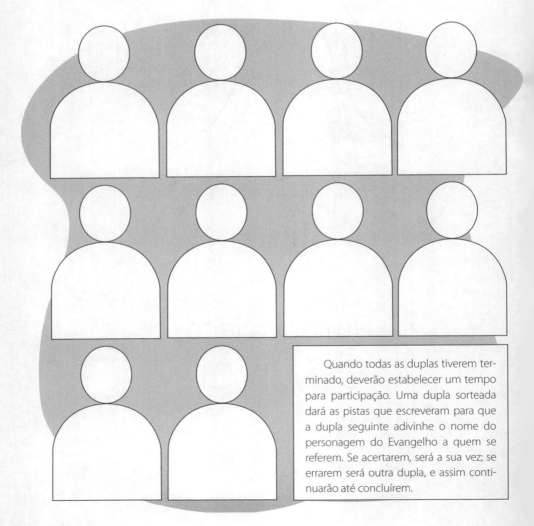

Quando todas as duplas tiverem terminado, deverão estabelecer um tempo para participação. Uma dupla sorteada dará as pistas que escreveram para que a dupla seguinte adivinhe o nome do personagem do Evangelho a quem se referem. Se acertarem, será a sua vez; se errarem será outra dupla, e assim continuarão até concluírem.

Leia esta história e escreva no interior do pé as pegadas que gostaria de deixar como cristão ao seu redor. Como você gostaria de ser lembrado nos últimos dias de sua vida pelos que conviveram com você?

Um homem que acabava de se encontrar com Jesus ia com muita pressa pelo Caminho da Vida, olhando por todas as partes e procurando algo. Aproximou-se de um ancião que estava sentado à beira do caminho e perguntou-lhe:

– Por favor, senhor, viu passar por aqui algum cristão?

O ancião, encolhendo seus ombros, respondeu-lhe:

– Depende do tipo de cristão que anda procurando.

– Desculpe, disse o homem contrariado, mas sou novo por aqui e não conheço os tipos que existem. Só conheço Jesus.

E o ancião acrescentou:

– Pois sim, amigo; há de vários tipos e de várias maneiras. Há para todos os gostos. Há cristãos não praticantes, cristãos somente de nome, cristãos por costume, cristãos consumistas, cristãos superficiais, cristãos light, cristãos fanáticos, cristãos acomodados, cristãos autênticos...

– Os autênticos! Estou procurando esses! Os de verdade!, exclamou o homem emocionado.

– Puxa!, disse o ancião com voz grave.

– Esses são os mais difíceis de ver. Faz muito tempo que passou um desses por aqui e perguntou o mesmo que você.

O homem, com grande ansiedade, perguntou:

– Como posso reconhecê-lo?

E o ancião respondeu tranquilamente:

– Não se preocupe, amigo. Não terá dificuldade em reconhecê-lo. Um cristão de verdade não passa despercebido neste mundo de hoje. Será reconhecido por suas obras. Por onde passa, sempre deixa suas pegadas.

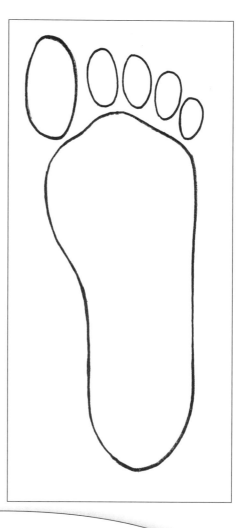

Nesta oficina você vai descobrir qual é a melhor forma de deixar marcas neste mundo. Vai descobrir que ser cristão é viver o mesmo estilo de vida de Jesus, ser os bem-aventurados, porque o Espírito de Deus também vive em você. *Se quiser deixar marcas do jeito de Jesus, e aprender a ser feliz e demonstrar felicidade..., deixa tudo e vem; espera o sinal: preparados, prontos... Já!*

1 Preparados...

JOGO
O SUDOKU DA FELICIDADE

Existem nove palavras que são chave para compreender o estilo de vida que Jesus nos propõe. São palavras que devem ser vividas ao máximo por todos nós que somos cristãos, se realmente queremos ser seguidores de Jesus. São as seguintes: *amor, bondade, paz, compromisso, solidariedade, fraternidade, simplicidade, humildade, autenticidade.*

Mas não é fácil. Temos o inimigo dentro de nós mesmos, que nos convida constantemente ao egoísmo, à comodidade, à vida fácil, a nenhum esforço pessoal, a querer tudo, a querer mais que todos, a dominar, a ser o primeiro, a viver de coisas superficiais, a buscar os próprios interesses, a usar os outros segundo a nossa vontade etc.

Somente com a força do Espírito de Deus e nossa decisão podemos vencer todas estas tendências que temos em nós. *Deus somente quer de nós que estas nove palavras estejam presentes em todas as partes de nossa vida, durante as 24 horas de cada dia, onde quer que estejamos e com quem estejamos.* Deus somente quer que estas nove palavras ocupem todo o nosso coração e toda a nossa mente, como fazia Jesus.

A força do Espírito tornará isso possível se nos colocarmos em suas mãos, tendo vontade e determinação em nos esforçarmos a cada dia para viver essas palavras.

Vamos fazer isso simbolicamente com um sudoku especial. Em vez dos nove números, serão as nove palavras que deverão ser colocadas nos quadradinhos.

Cada um dos 81 quadradinhos representarão todas as partes de nossa vida, de nosso coração. Queremos que todos os quadradinhos (partes) estejam cheias com as nove palavras-chave. Se, no final, algum quadradinho estiver em branco ou errado, se encherá com as palavras inimigas que estão fora do quadro, prontas para entrar e ocupar as parcelas de nossa vida.

Como jogar
Este quadro está dividido em nove quadrados que contêm nove quadradinhos cada coluna vertical e também horizontal.

> Este jogo que vamos fazer não é fácil: requer tempo, estar atento, ter paciência, observar, não se distrair, esforço e vontade e, sobretudo, ilusão, porque, ainda que pareça difícil, é possível. Dos erros se aprende e se avança. Tudo, menos desistir. Este jogo será como a vida. Conseguiremos encher as partes de nossa vida com essas nove palavras? Vamos tentar! Mas, antes do jogo, formem duplas e escrevam uma simples definição de cada uma das palavras com dois exemplos concretos, para que se veja como colocá-las em prática.

O jogo consiste em completar ou encher os quadradinhos vazios com as nove palavras, de modo *que não se repita nenhuma palavra dentro dos quadradinhos, tanto na coluna vertical quanto na horizontal.*

Depois de ter completado os 81 quadradinhos com as palavras, se olharmos ou repassarmos cada coluna, nela estarão as nove palavras sem repetir nenhuma, tanto na vertical quanto na horizontal. E se olharmos cada quadrado em seus nove quadradinhos estarão as nove palavras sem repetir nenhuma.

Embaixo da tabela estão as palavras inimigas, que ocuparão os seus quadradinhos vazios ou que estejam errados.

Fraternidade	Amor			Simplicidade				Bondade
				Paz				Amor
	Humildade		Bondade	Amor		Paz		
		Fraternidade		Autenticidade				Paz
Compromisso					Paz			
		Humildade		Simplicidade		Bondade		
		Compromisso	Amor					Solidariedade
					Solidariedade		Bondade	
Amor	Bondade		Simplicidade					Humildade

> Palavras inimigas: consumismo, insensibilidade, indiferença, individualismo, preguiça, mentira, álcool, droga, frieza, egoísmo, cobiça, avareza, falsidade, agressividade, machismo, poder, prestígio, racismo, superficialidade etc.

2 Prontos...

HISTÓRIA
A NOTA MUSICAL

- Era uma vez uma jovem nota musical que ia de pentagrama em pentagrama, de partitura em partitura, procurando um novo estilo de música que a fizesse feliz. Seu sonho era empregar seu som em uma melodia que fizesse vibrar de emoção seu coração.
- Mas as melodias que encontrava não tinham o som que a emocionasse de verdade.
- Havia partituras que tinham o som muito estridente...

- ...suas notas somente soavam por dinheiro vivo e unicamente vibravam de emoção se tivessem os bolsos cheios. Era uma música cara de escutar.
- Havia partituras que tinham o som muito riscado...

- ...e suas notas somente se moviam ao ritmo do consumo constante. Era uma música comercial.

Havia umas partituras que tinham um som que subia pelas nuvens para se destacar. Suas notas eram muito altas porque queriam conseguir êxito, fama, prestígio...

...e somente vibravam de emoção se fossem a número 1. Era uma música que dava a nota.

Havia partituras que tinham um som muito chato. Suas notas nunca estavam sóbrias...

...e somente vibravam de emoção se estivessem bêbadas ou drogadas. Era uma música que provocava dependência.

Havia partituras que tinham um som muito adormecedor. Suas notas buscavam a própria comodidade, não queriam nada de complicação na vida...

... e somente se moviam com a lei do mínimo esforço e só vibravam de emoção se fizessem o que dava vontade. Era uma música altamente sonhadora.

Havia partituras que tinham um som muito berrante. Suas notas estavam muito amontoadas porque eram manadas. Não tinham som próprio, por isso soavam todas juntas de uma vez...

...e somente vibravam de emoção se todos fizessem a mesma coisa, ou seja, o que a maioria fazia. Era uma música muito preocupada em não destoar.

Depois de muito procurar, escutou uma melodia que soava muito diferente de tudo o que havia ouvido até então; um som cheio de harmonia que entrava profundamente...

Ao escutar aquele som tão especial, a jovem nota não teve dúvidas. Aquele era o estilo de música que procurava.

Agora só lhe faltava uma coisa para tornar realidade seu sonho: superar a prova para ser admitida naquela partitura.

O tribunal da prova pediu-lhe que escolhesse um lugar do pentagrama para colocar-se com sua música. Se errasse seria suspensa.

A jovem nota colocou-se no último lugar do pentagrama. Era o lugar onde se colocavam as notas que estavam a serviço das outras.

E quando estava nesse lugar... seu coração vibrou de emoção produzindo um som como poucas vezes se havia escutado.

Hoje em dia, a jovem nota está girando pelo mundo inteiro com esta partitura, alegrando a vida de quem a escuta, fazendo vibrar muitos corações apagados.

PARA O DIÁLOGO

1) Quais outras partituras faltariam na história? Quais outros estilos de música (jeitos de viver) que estão presentes em nossa sociedade?

2) De todas as partituras que tocaram na história, e as que vocês acrescentaram na pergunta anterior, quais as que mais tocam ao seu redor?

3) O que é para você a felicidade? Quais são os ingredientes que você precisaria para ser feliz de verdade?

4) Quais as coisas que você vê que os outros fazem e você nunca faria para se sentir feliz? Por quê?

5) Em que lugar a nota se colocou no dia da prova, e o que aconteceu? Qual passagem do Evangelho isso lhe faz recordar? Que importância tem esse lugar para ser feliz?

6) Nós cristãos encontramos em Jesus o que o Evangelho propõe, a melodia que faz vibrar de emoção nosso coração. Por que vocês querem continuar sendo cristãos, seguidores de Jesus?

7) O que você mais gosta ou lhe atrai do Evangelho, da vida e pessoa de Jesus? Por quê?

8) Já parou para pensar se seu jeito de viver provoca alegria, harmonia ou bem-estar ao seu redor? Você tem consciência das consequências que sua forma de viver traz para as pessoas que convivem diariamente com você? Se você se der conta de que seu jeito de viver ou comportar-se provoca sofrimento em outras pessoas, mudaria ou continuaria igual? Por quê?

9) Imagine como poderia ser uma dança da felicidade. Formem dois grupos e invente a dança da felicidade. Criem os passos, os movimentos, os giros. Ensaiem e depois ensinem ao outro grupo a fazê-la juntos.

10) Formem grupos de três pessoas e componham uma música ou canção para representar duas partituras das que aparecem na história. Podem cantar a melodia que inventarem, ou colocar uma nova letra numa melodia já conhecida, ou inventar tudo.

ATIVIDADE 1

BEM-AVENTURADOS DE HOJE

Leia com atenção este texto das bem-aventuranças que alguém quis explicar de outro jeito:

Naquele tempo, Jesus, ao ver um gentio, subiu na montanha, sentou-se e aproximaram-se dele os seus discípulos, e Ele começou a falar, ensinando-lhes:

1) **Bem-aventurados os pobres de espírito, porque deles é o Reino de Deus.**
Os que valorizam o dinheiro sem dar-lhe uma importância maior do que realmente tem.
Os que não se vendem nem por todo ouro do mundo.
Os que sabem partilhar o que têm.
Os que não querem crescer sozinhos, mas lembram de seus irmãos.

2) **Bem-aventurados os sofridos, porque herdarão a terra.**
Os que em cada pessoa veem sua qualidade única.
Os que não têm complexos de superioridade, nem de inferioridade.
Os que têm consciência de suas limitações.

3) **Bem-aventurados os que choram, porque serão consolados.**
Os que se esforçam para melhorar o mundo.
Os que não se acostumam a ver a fome, a doença...
Os que sentem em sua pele o sofrimento de seus irmãos.

4) **Bem-aventurados os que têm fome e sede de justiça, porque serão saciados.**
Os que não se casam com nenhuma mentira.
Os que trabalham contra a enfermidade.
Os que trabalham contra a incultura.
Os que não aguentam a miséria.
Os que buscam a justiça e o alimento.

5) Bem-aventurados os misericordiosos, porque alcançarão misericórdia.

Os que compreendem a falha dos demais.

Os que não desanimam quando as coisas vêm devagar.

Os que dão a mão ao desprezado.

Os que sabem perdoar de coração

Os que acolhem o inválido e deficiente.

6) Bem-aventurados os puros de coração, porque verão a Deus.

Os que não têm duas caras.

Os que sabem ver o que cada pessoa tem de bom.

Os que se colocam no lugar dos outros.

Os que não têm dificuldade de escutar o próximo.

7) Bem-aventurados os que lutam pela paz, porque serão chamados filhos de Deus.

Os que constroem a paz com sua vida, na igualdade, na liberdade e progresso para todos.

Os que procuram despertar a consciência de todos para o bem comum.

Os que buscam a paz com os outros, aceitando também quando o seu comportamento lhes tira a paz.

8) Bem-aventurados os perseguidos por causa da justiça, porque deles é o Reino de Deus.

Os que sofrem por defender os próprios direitos e os dos outros.

Os que são expulsos por defender os fracos.

Os que se comprometem sem medo até as últimas consequências.

Bem-aventurados são vocês quando são insultados, perseguidos ou caluniados de qualquer modo por minha causa. Sejam alegres e contentes, porque sua recompensa será grande no céu.

1) Por que são bem-aventurados, felizes, os que se comportam dessa maneira?

_____

_____

_____

_____

2) O que poderiam acrescentar para continuar explicando concretamente algumas das bem-aventuranças?

_____

_____

_____

_____

3) Quais delas você já coloca em prática?

_____

_____

_____

_____

4) Façam um grande mural das bem-aventuranças, colando fotos que representem ou expressem o significado de cada uma delas; fotos de pessoas que estejam colocando-as em prática. Durante a semana, procurem e recortem fotos de jornais e revistas, ou façam-nas com uma câmara digital.

ATIVIDADE 2

DETETIVE PARTICULAR

Jesus viveu colocando em prática as bem-aventuranças. Elas eram seu estilo de vida. Por isso viveu como viveu, e fez o que fez. Imagine que você era um detetive particular que não sabia nada de Jesus, e lhe pedem que você investigue seu estilo de vida. Observe o item onde se indica seu modo de vida, porém você quer aprofundar mais. Assim sendo, pegue a Bíblia, especialmente os evangelhos, e comece a buscar cenas ou passagens onde aparece Jesus comportando-se da maneira em que se indica neste item da ficha com o título "Modo de vida".

Procure 10 citações evangélicas que sirvam de exemplo para demonstrar como era o estilo de vida de Jesus. Escreva a citação e faça um breve resumo do que ela fala. Em seguida, coloque em comum o resultado da investigação.

NOME: JESUS

Resultado da investigação

LUGAR DE NASCIMENTO: BELÉM DE JUDÁ
DATA DE NASCIMENTO: 25/12/00, durante o reinado de Herodes, sendo Augusto o imperador.
PAIS: José e Maria (residentes em Nazaré).
IDADE: em torno de 33 anos.
PROFISSÃO: carpinteiro qualificado, mas não exerce a profissão há alguns anos.
RECURSOS ECONÔMICOS: sem bens.
DOMICÍLIO: não tinha.
MODO DE VIDA: há algum tempo vivia em comunidade itinerante, com 12 companheiros. Trabalhava preferencialmente nas pequenas e simples cidades. Era muito comum vê-lo com pobres, doentes, delinquentes e gente da rua. Costumava ficar com quem ninguém queria estar, e ajudar a quem o necessitava. Passou fazendo o bem e anunciando a Boa-nova.
EXPEDIENTE JUDICIAL: não procurou defender-se em juízo. Foi condenado à morte na cruz e executado como os criminosos.
DELITOS: foi acusado injustamente pelos tribunais civis e religiosos de Jerusalém, pelos seguintes motivos:
- **Incitação à rebeldia:** os testemunhos do juízo lhe acusaram dizendo: "encontramos este homem animando o povo à rebelião. Atentou contra o imperador de Roma, porque pretende ser rei de Israel. Incita o povo por seu ensinamento em todo o país".
- **Injúria a Deus e à religião:** segundo alguns, Ele havia dito que destruiria o Templo de Jerusalém e o reconstruiria em três dias. Era uma blasfêmia afirmar ser o Messias, o enviado de Deus, que perdoava pecados e dizia ser o Filho de Deus.

OUTROS DADOS: seus seguidores creem e afirmam que *Ele ressuscitou e continua vivo e atuando entre eles.*

3 Já!

Já é a hora de colocar em PRÁTICA as palavras de Jesus

Jesus, seguido de uma grande multidão, subiu à montanha e se sentou em um prado. Seus discípulos se aproximaram e Ele começou a ensinar-lhes, dizendo:

Ler Mt 5,2-12.

• Depois de tudo o que você viu até aqui, escreva três ideias que acha mais importantes desta oficina.

3.1 Conhecendo o Espírito Santo

O Espírito Santo faz com que amemos uns aos outros como Deus nos ama. Porque Deus é Amor, e esse amor foi derramado em nós pelo Espírito Santo. Esta é a melhor maneira para alcançar a verdadeira felicidade, não há outro caminho nem atalho melhor. Jesus nos quer felizes, e por isso nos pede que amemos como Ele nos ama.

> "Deus é Amor (1Jo 4,8.16), e o amor é o primeiro dom. Ele contém todos os demais. Este amor, Deus o derramou nos nossos corações pelo Espírito que nos foi dado (Rm 5,5)."
>
> *Catecismo da Igreja Católica*, n. 733.
>
> "O Espírito Santo nos dá (contagia nossa própria vida) a Vida mesma da Santíssima Trindade, que é amar como Ele nos amou. Este amor (a caridade de 1Cor 13) é o princípio da vida nova em Cristo, possibilitada pelo fato de termos recebido uma força, a do Espírito Santo (At 1,8)."
>
> *Catecismo da Igreja Católica*, n. 735.

O Espírito Santo é Deus, como o Pai e o Filho. Três pessoas divinas que *se amam com tamanha intensidade que formam um único Deus...* Aí está o grande mistério que nós cristãos confessamos, não como algo secreto, e sim como algo que é tão grandioso, que transborda nossa capacidade de compreensão humana. Tudo que sabemos é que sentimos seu Amor. É o mistério da Santíssima Trindade. Somente sabemos que *Deus é comunidade de Amor,* por isso *chama a cada um de nós para que também sejamos entre nós... comunidade de amor...* caminho de felicidade e bênção.

> "O mistério da Santíssima Trindade é o mistério central da fé e da vida cristã. É o mistério de Deus em si mesmo... Toda a história da salvação não é senão a história da via e dos meios pelos quais o Deus verdadeiro e único, Pai, Filho e Espírito Santo, se revela, reconcilia consigo e une a si os homens que se afastam do pecado."
>
> *Catecismo da Igreja Católica*, n. 234.

> "A Trindade é Una. Não professamos três deuses, mas um só Deus em Três pessoas... Cada uma destas pessoas (Pai, Filho e Espírito Santo) são inteiramente Deus..."
>
> *Catecismo da Igreja Católica*, n. 253.

Jesus, no Evangelho de Mateus, nos chama à perfeição, nos pede que sejamos perfeitos como Deus (*Comunidade de Amor*) é perfeito... E é perfeito porque AMA gratuitamente, e nisso consiste sua perfeição... sua essência, e nisso consiste o caminho da FELICIDADE que nos propõe (*procure esta citação no Evangelho de Mateus*).

- Retire duas ideias principais do item 3.1 que acaba de ler.

  _____

  _____

  _____

- Procure na Bíblia as citações que aparecem neste item e comente-as.

  _____

  _____

  _____

  _____

  _____

3.2 O Espírito Santo vem em nossa ajuda: é o dom do AMOR

Para que possamos viver do mesmo jeito que Jesus viveu, para que possamos colocar em prática as bem-aventuranças que Jesus viveu e sermos felizes, o Espírito Santo vem em nossa ajuda. A única coisa que temos que fazer é agir, é comportar-nos sempre com o coração, o resto ficará em suas mãos. E um dos sintomas (ou frutos) que demonstram que o Espírito Santo está agindo em nós é o **AMOR**, que nasce em nós de forma natural e espontânea.

Termômetro do AMOR

Pontue de 1 a 10 em cada uma das questões de acordo com o que você vê de si mesmo (*1 significa que não há nada disso em você, e 10 significa que você se identifica totalmente com essa frase e a cumpre perfeitamente*).

☐ Sou solidário.

☐ Trato a todos como gostaria de ser tratado, porque considero todos como irmãos, criados pelo mesmo Deus, Pai de todos.

☐ Sinto dor ao ver a pobreza, a injustiça e o sofrimento.

☐ Não sigo adiante se vejo alguém com algum problema. Estou sempre atento ao que acontece ao meu redor.

☐ Não me importo em sacrificar-me por ajudar alguém que necessite de mim.

☐ Vivo com simplicidade. Não gosto de ser consumista nem extravagante, porque sei que existem milhões de pessoas no mundo que passam fome e necessidade, injustamente.

☐ Não me custa partilhar.

☐ Não tenho duas caras, nem minto.

☐ Sou uma pessoa da paz e construtor de paz.

☐ Não faço ninguém sofrer, nem padecer.

Depois de ter pontuado, escolha uma ou mais pessoas que mais amam você e o conhecem e peça que lhe pontuem. Não se trata de conseguir muitos pontos, mas sim de *ter consciência de que o Espírito Santo está atuando em você quando se comporta dessa maneira*. Por pouco que seja, se você se deixa guiar por Ele, o **AMOR** será algo que lhe caracterizará e preencherá a sua vida, nascerá em você da forma mais natural do mundo... *Será feliz e com sua vida fará os outros felizes, onde quer que você esteja... porque Deus estará com você...* porque Deus sempre está onde existe Amor verdadeiro.

3.3 Já é a hora do compromisso

Jesus terminou de falar no prado da montanha. Muita gente se reuniu ao seu redor porque queria falar com Ele, tocá-lo. Você também quer aproximar-se, mas não pode devido a multidão.

Pegue um papel e escreva nele uma das frases ou versículos de Mt 5,2-12, que mais gostou, e que gostaria que sempre ficasse gravado em seu coração para que nunca o esquecesse. Depois escreva de que maneira vai pôr em prática em sua vida diária essas palavras (*quais coisas você fará ou deixará de fazer para isso*). Assinará com seu nome e fará em seguida um avião de papel.

Imagine que você jogue esse avião para Jesus, e Ele o pegue. Não duvide de que, quando ler a sua mensagem, lançará um olhar sobre você, pedirá para as pessoas que se afastem e lhe dirá que se aproxime para dizer-lhe algo muito especial. Escreva aqui o que você imagina que Jesus poderia dizer-lhe depois de ler a sua mensagem.

3.4 Já é o momento de orar juntos

Terminar esta oficina fazendo juntos um momento de oração com Jesus (*orar é falar com nosso amigo Jesus a partir do silêncio do nosso coração*). Ele é o primeiro a ajudar-nos a pôr em prática nosso compromisso de querer ser cristãos de verdade. Não estamos sozinhos... Ele está sempre conosco.

Preparação do ambiente

Coloquem no chão, ou sobre uma mesa com toalha, jornais distintos para simbolizar a realidade que se vive no mundo.

No centro onde estejam os jornais, colocar uma Bíblia aberta. A Palavra de Deus que ilumina a realidade em que vivemos. Ele se faz presente e nos convida ao compromisso.

Várias velas acesas deverão ficar em volta dos jornais e da Bíblia. Coloquem música ambiente para criar um clima de recolhimento.

Desenvolvimento da ORAÇÃO

1) Invocação ao Espírito Santo
Catequista: Em nome do Pai, e do Filho e do Espírito Santo. Iniciemos a oração invocando o Espírito Santo.

>Vem, Espírito Santo.
>Vem, Pai dos pobres.
>Vem dar-nos teus dons, vem dar-nos tua luz.
>Há tantas sombras de morte,
>Tanta injustiça, tanta pobreza, tanto sofrimento.
>
>Penetra com tua luz nossos corações.
>Habita-nos porque sem ti nada podemos.
>Ilumina nossas sombras de egoísmo,
>Rega nossa aridez, cura nossas feridas.
>Suaviza nossa dureza,
>Elimina com teu calor nossas friezas,
>Faz-nos instrumento de solidariedade.
>
>Abre-nos os olhos e os ouvidos do coração,
>Para saber discernir teus caminhos em nossas vidas,
>E ser construtores de Vida Nova.

2) Introdução para iniciar

Catequista: Diante de nós temos alguns jornais que simbolizam a realidade que existe neste mundo, uma realidade cheia de muitas pessoas que sentem tristeza e angústia, que sofrem injustiça e desamparo, que vivem na pobreza e exclusão. Jesus nos disse: fiquem aqui, nesta realidade, e orem comigo, acompanhem-me em minha oração...

Leitor 1: "De madrugada, antes de amanhecer, Jesus levantou-se, e, saindo da cidade, dirigiu-se a um lugar isolado para orar" (Mc 1,35).

Catequista: igual a Jesus, nós nos isolamos neste lugar tranquilo para fazer um momento de oração.
Se quisermos construir o reino, se queremos tornar possível outro mundo, necessitamos momentos de silêncio interior para encontrarmos com o manancial de água viva que brota em nossos corações.
Somente unidos ao manancial de Deus que existe em nós, podemos ser semeadores de vida em nosso redor.
Neste momento, silencie seus pensamentos. Jesus está aqui esperando por você...

(Deixar um momento de silêncio com música ambiente bem suave.)

Imagine que você está sentado numa montanha junto com muitas pessoas.
Está esperando Jesus.
Dizem que Ele virá nesse lugar para falar com vocês.
Você está ansioso para vê-lo, para escutá-lo em pessoa.
Enquanto você espera, sente a brisa suave do ar da montanha que acaricia seu rosto, ouve as folhas das árvores movimentarem-se com o vento, os cantos dos pássaros acompanham seu silêncio.
Levanta os olhos e vê alguém distante que se aproxima pela trilha da montanha.
É Jesus.
Você se emociona.
Ele se aproxima e senta diante de todos vocês.
Então começa a falar:

Leitor 2: "Felizes os que têm espírito de pobre, porque deles é o Reino dos Céus. Felizes os que choram, porque serão consolados. Felizes os mansos, porque possuirão a terra. Felizes os que têm fome e sede de justiça, porque serão saciados. Felizes os misericordiosos, porque alcançarão misericórdia. Felizes os puros de coração, porque verão a Deus. Felizes os que promovem a paz, porque serão chamados filhos de Deus. Felizes os perseguidos por causa da justiça, porque deles é o Reino dos Céus. Felizes sereis quando vos insultarem e perseguirem e, por minha causa, disserem todo tipo de calúnia contra vós. Alegrai-vos e exultai, porque grande será a vossa recompensa nos céus. Foi assim que perseguiram os profetas antes de Vós" (Mt 5,2-12).

(*Fazer alguns segundos de silêncio.*)

Catequista: como seguidores de Jesus somos chamados a um novo jeito de viver: o estilo de vida que nasce das bem-aventuranças. Por isso, juntos vamos proclamar esta oração de compromisso.

> *Senhor,*
> *Dai-me, dai-nos um coração aberto,*
> *Acolhedor,*
> *Solidário,*
> *Um coração grande,*
> *Capaz de abrir-se aos pobres, aos teus preferidos,*
> *E que esteja sempre de seu lado,*
> *Que não se feche ao necessitado,*
> *Que eu sinta como se fosse minha carne.*
>
> *E dai-me um coração compassivo*
> *Que tenha as entranhas de uma mãe.*
> *Torne grande meu coração,*
> *Que ninguém fique à margem,*
> *Um coração generoso, vazio e livre de si mesmo,*
> *Capaz de partilhar,*
> *De entregar-se e lutar por um mundo justo, novo.*
> *Um coração que confie nos outros,*
> *Nos que sofrem,*
> *Nos enfermos,*
> *Nos pobres.*
> *Dai-me, dai-nos, Senhor,*
> *Um coração novo,*
> *Um coração que te agrade.*
>
> Pérez Mendiguren

3) Explicação do gesto final

Catequista: a realidade de nosso mundo injusto está simbolizada nos jornais que estão no chão (ou sobre a mesa). Para simbolizar que queremos ser cristãos comprometidos e solidários nesta realidade em que vivemos, os que quiserem podem se levantar e escrever seu próprio nome sobre alguns dos jornais, porque vocês querem ser uma Boa Notícia para o mundo, para os que vivem na pobreza e necessidade, na tristeza e na solidão da marginalização.

- Quem quiser poderá ler neste momento o que escreveu em seu avião, e também o que acha que Jesus lhe diria.
- Para concluir, fiquemos de mãos dadas e rezemos juntos a oração que Jesus nos ensinou: *"Pai nosso..."*

CULTURAL
Administração
Antropologia
Biografias
Comunicação
Dinâmicas e Jogos
Ecologia e Meio Ambiente
Educação e Pedagogia
Filosofia
História
Letras e Literatura
Obras de referência
Política
Psicologia
Saúde e Nutrição
Serviço Social e Trabalho
Sociologia

CATEQUÉTICO PASTORAL
Catequese
   Geral
   Crisma
   Primeira Eucaristia

Pastoral
   Geral
   Sacramental
   Familiar
   Social
   Ensino Religioso Escolar

TEOLÓGICO ESPIRITUAL
Biografias
Devocionários
Espiritualidade e Mística
Espiritualidade Mariana
Franciscanismo
Autoconhecimento
Liturgia
Obras de referência
Sagrada Escritura e Livros Apócrifos

Teologia
   Bíblica
   Histórica
   Prática
   Sistemática

REVISTAS
Concilium
Estudos Bíblicos
Grande Sinal
REB (Revista Eclesiástica Brasileira)
SEDOC (Serviço de Documentação)

VOZES NOBILIS
Uma linha editorial especial, com importantes autores, alto valor agregado e qualidade superior.

VOZES DE BOLSO
Obras clássicas de Ciências Humanas em formato de bolso.

PRODUTOS SAZONAIS
Folhinha do Sagrado Coração de Jesus
Calendário de Mesa do Sagrado Coração de Jesus
Agenda do Sagrado Coração de Jesus
Almanaque Santo Antônio
Agendinha
Diário Vozes
Meditações para o dia a dia
Encontro diário com Deus
Dia a dia com Deus
Guia Litúrgico

CADASTRE-SE
www.vozes.com.br

EDITORA VOZES LTDA.
Rua Frei Luís, 100 – Centro – Cep 25689-900 – Petrópolis, RJ
Tel.: (24) 2233-9000 – Fax: (24) 2231-4676 – E-mail: vendas@vozes.com.br

UNIDADES NO BRASIL: Belo Horizonte, MG – Brasília, DF – Campinas, SP – Cuiabá, MT
Curitiba, PR – Florianópolis, SC – Fortaleza, CE – Goiânia, GO – Juiz de Fora, MG
Manaus, AM – Petrópolis, RJ – Porto Alegre, RS – Recife, PE – Rio de Janeiro, RJ
Salvador, BA – São Paulo, SP